Amoris laetitia

Guida alla lettura per tematiche trasversali

Amoris laetitia
Guida alla lettura per tematiche trasversali

Copyright © 2022 Davide Silvestrini
www.davidesilvestrini.it
Tutti i diritti riservati.
Codice ISBN: 9798836635749

Impaginazione a cura di Giovanni Nocera

Amoris laetitia

Guida alla lettura per tematiche trasversali

Indice

Prefazione

di Don Dario Criscuoli[1]

Sono contento di presentare questo breve, ma significativo, lavoro del prof. Davide Silvestrini sull'esortazione apostolica post-sinodale Amoris laetitia, proprio a ridosso del X Incontro Mondiale delle Famiglie, previsto a Roma dal 22 al 26 Giugno 2022.

Il contributo del lavoro svolto dal prof. Davide Silvestrini si inserisce nello spazio del pensiero critico, dello studio, dell'approfondimento e della riflessione su valori fondamentali.

Si tratta di una riflessione, per tematiche trasversali, che si rivela particolarmente interessante in quanto, la lettura di Amoris laetitia attraverso Amoris laetitia, aiuta a far emergere la trama del pensiero di Papa Francesco nonostante l'Autore non si soffermi su tutte le possibili argomentazioni offerte dal documento.

Vorrei richiamare l'attenzione su un'intervista rilasciata al quotidiano Avvenire, del 20 Febbraio 2022, dal card. Angelo De

---

[1] Direttore del *Centro per la Pastorale della Famiglia* del Vicariato di Roma.

Donatis, vicario di Sua Santità per la Diocesi di Roma. Egli affermava: «Papa Francesco ha scelto, come filo rosso, del X Incontro Mondiale delle Famiglie: "L'amore familiare: vocazione e via di santità". Il nostro Vescovo desidera sottolineare come la Chiesa, maestra in umanità, è sempre sollecita ad accogliere e sostenere la famiglia nel suo cammino di crescita, lenta e graduale, aiutandola a rispondere alla vocazione all'Amore come un frutto della Grazia di Dio da vivere e custodire. Alla Chiesa sta a cuore la cura delle famiglie sia nel tempo della fatica, del combattimento, dell'instabilità, della precarietà e della malattia sia nel tempo della gioia, della vittoria, della ripresa e della rinascita. Ogni famiglia, come ogni uomo, è infatti sempre chiamata a vivere il mistero grande della vita in un'ottica pasquale, scoprendo come ad ogni insuccesso, fallimento e morte fa sempre seguito la risurrezione»[2].

Per aiutare le famiglie in questo percorso cristiano, in cui la Chiesa si fa compagna di viaggio, oltre che madre e maestra, bisogna considerare che «gli sforzi e le iniziative, proposte in questo anno, finalizzate ad una vera e propria svolta pastorale, necessitano di tempo. Papa Francesco ci offre una chiave ermeneutica, quando, in Evangelii Gaudium, afferma che "il tempo è superiore allo spazio" e che bisogna "generare processi"»[3].

L'Autore richiama esplicitamente, proprio all'inizio del suo approfondimento, la Evangelii Gaudium. Egli sostiene che questa esortazione apostolica sull'annuncio del Vangelo nel mondo

---

[2] Intervista al Card. Angelo De Donatis su Avvenire, 20 Febbraio 2022.

[3] ivi

attuale, si riveli fondamentale per comprendere la struttura di Amoris laetitia. Questa illuminata intuizione mi trova assolutamente d'accordo. Vorrei pertanto offrire qualche interessante coordinata per comprendere il legame fra le due esortazioni.

Papa Francesco afferma: "È necessario passare «da una pastorale di semplice conservazione a una pastorale decisamente missionaria»" (EG 15). Una delle caratteristiche che segna questa conversione pastorale è cristallizzata nel verbo accompagnare (EG 24). Tale verbo, particolarmente caro al Santo Padre, è diventato, (unitamente alle voci verbali accompagnare e discernere), il paradigma di Amoris laetitia. In effetti, ritengo che Evangelii gaudium sia un documento programmatico del papato di Francesco.

Parlando, per esempio, di "Alcune sfide del mondo attuale" (EG 52-75), Francesco denuncia "la negazione del primato dell'essere umano" (EG 55). Come siamo arrivati ad una economia, ma anche ad un'etica, che nega la dignità della persona umana? "Abbiamo creato nuovi idoli" (ivi), come quello del consumismo, che ha generato una "cultura dello scarto".

Una forma di rapportarsi all'uomo, dominata dal profitto e dall'utile, introduce nel consorzio umano una mentalità utilitaristica. Analizzando, per esempio, le relazioni tra uomo e donna, notiamo come la parola Amore sia diventata un contenitore da riempire a proprio piacimento sotto il dominio di istinti e passioni e il conseguente annullamento della libertà.

Bisogna quindi accompagnare l'uomo di oggi, attraverso "un'educazione che insegni a pensare criticamente e che offra un percorso di maturazione nei valori" (EG 64), a riconquistare, grazie all'incontro con Cristo risorto, la libertà perduta.

Si rivela pertanto urgente e non procrastinabile, una formazione approfondita e completa, a cominciare dalla famiglia. Il Santo Padre evidenzia infatti come proprio: "la famiglia attraversi una crisi culturale profonda, come tutte le comunità e i legami sociali" (EG 66). Infatti, "nel caso della famiglia, la fragilità dei legami diventa particolarmente grave perché si tratta della cellula fondamentale della società, del luogo dove si impara a convivere nella differenza e ad appartenere ad altri e dove i genitori trasmettono la fede ai figli" (ivi). Oggi, "il Matrimonio tende ad essere visto come una mera forma di gratificazione affettiva che può costituirsi in qualsiasi modo e modificarsi secondo la sensibilità di ognuno" (ivi).

Queste affermazioni, nel contesto in cui stiamo vivendo, ci aiutano a prendere coscienza di quanto sia necessaria un'opera educativa di portata epocale costituita da una nuova evangelizzazione della famiglia. Non sarebbe tuttavia corretto interpretare questo appello alla crescita esclusivamente o prioritariamente come formazione dottrinale.

Il prof. Silvestrini, nel suo scritto, mi sembra che evidenzi molto bene la necessaria centralità dell'annuncio cristiano sottolineando, insieme a papa Francesco, "la necessità di «una pedagogia che introduca le persone, passo dopo passo, alla piena appropriazione del mistero» che deve prendere le mosse dall'accoglienza e dall'approfondimento del Kerygma. "In mezzo alle famiglie deve sempre nuovamente risuonare il primo annuncio (il Kerygma, nella Chiesa antica, era chiamato il primum christianum, ndr), ciò che è «più bello, più grande, più attraente e allo stesso tempo più necessario» (cit. EG 35), e «deve occupare il centro dell'attività evangelizzatrice» (cit. EG 164). È l'annuncio principale, «quello che si deve sempre tornare ad ascoltare in modi diversi e che si deve sempre tornare ad annunciare durante la catechesi in una forma o nell'altra» (cit. EG 164). Perché «non c'è nulla di più solido, di più profondo, di più sicuro, di più consistente e di più saggio di tale annuncio» e «tutta la formazione cristiana è prima di tutto l'approfondimento del kerygma» (cit. EG 165)" (AL 58). Dice il Papa: "Il nostro insegnamento sul matrimonio e la famiglia non può cessare di ispirarsi e di trasfigurarsi alla luce di questo annuncio di amore e di tenerezza, per non diventare mera difesa di una dottrina fredda e senza vita. Infatti, non si può neppure comprendere pienamente il mistero della famiglia cristiana se non alla luce dell'infinito amore del Padre, che si è manifestato in Cristo, il quale si è donato sino alla fine ed è vivo in mezzo a noi" (AL 59).

Inoltre, il rinnovare costantemente la propria apertura e adesione al kerygma caratterizza un autentico cammino di fede. La fede parte sempre da un atto di apertura all'ascolto del Kerygma per immergersi nell'eterno Mistero dell'Amore di Dio. Tale amore sempre fedele e consolante si fa conoscere innanzitutto, nella comunità di coloro che si raccolgono nella Chiesa adunata raccolta intorno a Cristo. Noi infatti possiamo conoscere Dio nella storia di un popolo che, tra limiti e mancanze, peregrina attraverso la storia con lo sguardo rivolto verso l'eternità. Tuttavia non basta la sola accoglienza del Kerygma. Serve infatti un tempo di mistagogia[4]: si tratta infatti di essere accompagnati e condotti nei misteri della fede, per crescere e maturare nel cammino intrapreso.

Le riflessioni racchiuse nel presente lavoro, caratterizzate da un respiro kerygmatico e da una intenzione pedagogica, oltre a fornire un eccellente contributo per la ricezione di Amoris laetitia, si configurano come un valido strumento di lavoro e di riflessione per coloro che lavorano nell'ambito della pastorale familiare.

Nella sua brevità l'opera del prof. Silvestrini offre spunti per varie riflessioni utili alla catechesi e alla formazione. Quella che avete tra le mani è un'opera breve, densa, il cui contenuto però è di grande valore.

Auguro ai lettori di poter trarre beneficio.

---

[4] EG 166

1 - Una chiave ermeneutica di Amoris laetitia

1.1 - Spunti per leggere la struttura del documento

L'esortazione apostolica postsinodale sull'amore nella famiglia, *Amoris laetitia*, viene consegnata durante il Giubileo Straordinario della Misericordia, nell'anno 2016, il 19 marzo, solennità di San Giuseppe. Il grande patriarca è stato il custode del Verbo fatto carne, Gesù Cristo, e di sua Madre, la Vergine Maria. Difese la Rivelazione della Misericordia divina e, perciò, egli è patrono della Chiesa universale, unica depositaria della Rivelazione tutta intera.

Anche oggi c'è bisogno del suo aiuto. È questa un'epoca in cui molti pericoli minacciano la famiglia sia riguardo gli ordinamenti naturali stabiliti dal sapiente disegno del Creatore sia riguardo la Rivelazione del Mistero dell'Incarnazione e del Mistero Pasquale. Fu incarnandosi che la Seconda Persona della Trinità, il *Lògos*, il Verbo sposò la natura umana. Fu offrendosi nel sacrificio redentore che Egli sposò la Chiesa sul legno della croce. Entrambi questi misteri sono presenti nella e testimoniati dalla famiglia cristiana e così anch'essa ne diviene depositaria.

In effetti, anche la "Chiesa domestica"[5] ha bisogno di essere custodita, così come allora fu necessario vegliare sulla Sacra

---

[5] LG 11

Famiglia.

Il Santo Padre spiega che, innanzitutto, intende questa esortazione "come una proposta per le famiglie cristiane, che le stimoli a stimare i doni del matrimonio e della famiglia, e a mantenere un amore forte e pieno di valori quali la generosità, l'impegno, la fedeltà e la pazienza"[6]. Inoltre, con questo documento "si propone di incoraggiare tutti ad essere segni di misericordia e di vicinanza lì dove la vita familiare non si realizza perfettamente o non si svolge con pace e gioia"[7].

In fondo, possiamo leggere l'intero documento come un invito del Papa, di fronte al quale egli stesso *in primis* si mette in gioco, a "risvegliare fiducia nella grazia"[8]. "Ci è chiesto uno sforzo più responsabile e generoso, che consiste nel presentare le ragioni e le motivazioni per optare in favore del matrimonio e della famiglia, così che le persone siano più disposte a rispondere alla grazia che Dio offre loro"[9]. Si tratta, quindi, di "motivare l'apertura alla grazia"[10], di "presentare il matrimonio più come un cammino dinamico di crescita e realizzazione che come un peso da sopportare per tutta la vita"[11]. Urge risvegliare la gioia che nasce dal sacramento e investire su una visione più positiva, più propositiva di valori e di virtù, e correggersi da una visione troppo

---

[6] AL 5

[7] Ivi

[8] AL 36

[9] AL 35

[10] AL 37

[11] Ivi

negativa, legalista o moralizzante, se presente. Bisogna offrire valori, che diano respiro all'anima, e correggersi da un'impostazione che aggiunge pesi alla vita, vita che ha già le sue difficoltà.

Questo è il processo che Papa Francesco ha voluto generare (o rafforzare): far sì che gli sposi e le famiglie crescano nell'amicizia con Cristo. Tale processo ha bisogno di un accompagnamento attento, di un discernimento accorto, di una amorevole integrazione.

Dice il Papa: "non potremmo incoraggiare un cammino di fedeltà e di reciproca donazione se non stimoliamo la crescita, il consolidamento e l'approfondimento dell'amore coniugale e familiare"[12].

Ecco il motivo per cui i capitoli centrali di tutta l'esortazione sono il quarto e il quinto: "l'amore nel matrimonio" e "l'amore che diventa fecondo". Il Santo Padre, proprio perché vuole aiutare nel modo di presentare l'amore coniugale, inizia a parlare di come amare, di cosa significa amare, del significato unitivo dell'amore, per giungere ad affrontare il tema della fecondità. Per capire e vivere l'amore che genera la vita, c'è bisogno di sperimentare tale amore, che ha come necessità interna il diffondersi, il donarsi nella verità, secondo la dignità della persona.

Questa verità era già conosciuta da san Tommaso d'Aquino, che la espose così: *"bonum est diffusivum sui"*[13], ("il bene si diffonde" e il

______

[12] AL 89

[13] Tommaso d'Aquino, Summa Theologiae I, q. 5, a. 4, ad 2

massimo bene è l'amore). In effetti, il quarto capitolo presenta quindici citazioni di Tommaso. Si citano anche Alessandro di Hales (francescano, filosofo e teologo scolastico), e Josef Pieper (filosofo e teologo neotomista). Si citano anche Benedetto XVI e san Giovanni Paolo II. In particolare, la filosofia di Giovanni Paolo II si ispirava sia alla fenomenologia sia al tomismo. Sembrerebbe, pertanto, che il quarto capitolo abbia un impianto morale tomista.

Il principio di un processo cristiano di crescita umana e spirituale è l'annuncio della salvezza, il *Kerygma*, in cui è condensato tutto il vangelo. Il *Kerygma* origina, dà vita, senso, forza (*dynamis*) al cammino cristiano, compreso quello del matrimonio e della famiglia.

"Davanti alle famiglie e in mezzo ad esse deve sempre nuovamente risuonare il primo annuncio, ciò che è «più bello, più grande, più attraente e allo stesso tempo più necessario», e «deve occupare il centro dell'attività evangelizzatrice». È l'annuncio principale, «quello che si deve sempre tornare ad ascoltare in modi diversi e che si deve sempre tornare ad annunciare durante la catechesi in una forma o nell'altra». Perché «non c'è nulla di più solido, di più profondo, di più sicuro, di più consistente e di più saggio di tale annuncio» e «tutta la formazione cristiana è prima di tutto l'approfondimento del *Kerygma*». Il nostro insegnamento sul matrimonio e la famiglia non può cessare di ispirarsi e di trasfigurarsi alla luce di questo annuncio di amore e di tenerezza [...]. Non si può neppure comprendere pienamente il mistero della famiglia cristiana se non alla luce dell'infinito amore del Padre, che si è manifestato in Cristo, il quale si è donato sino alla fine ed è vivo in mezzo a noi"[14].

In tutto ciò, la Chiesa è chiamata ad imitare Gesù, che ha accompagnato i passi degli uomini e delle donne "con verità, pazienza e misericordia, nell'annunciare le esigenze del Regno di Dio"[15].

In riferimento a quanto detto finora e a quanto da qui in poi si dirà, credo che si debba dare uno sguardo ad un altro documento di Papa Francesco: l'esortazione apostolica sull'annuncio del Vangelo nel mondo attuale, *Evangelii gaudium*.

Già parlando del *Kerygma* il Papa cita la suddetta esortazione.

Leggiamo in *Evangelii gaudium*: "vi sono quattro principi relazionati a tensioni bipolari proprie di ogni realtà sociale. Derivano dai grandi postulati della Dottrina Sociale della Chiesa"[16].

1.   *Il tempo è superiore allo spazio*

"Vi è una tensione bipolare tra la pienezza e il limite. La pienezza provoca la volontà di possedere tutto e il limite è la parete che ci si pone davanti. Il «tempo», considerato in senso ampio, fa riferimento alla pienezza come espressione dell'orizzonte che ci si apre dinanzi, e il momento è espressione del limite che si vive in uno spazio circoscritto"[17].

---

[14] AL 58-59; cit. EG 35, 164, 165

[15] AL 60

[16] EG 221

[17] EG 222

Applicando questo principio al campo matrimoniale, possiamo vedere nella "pienezza come espressione dell'orizzonte che ci si apre dinanzi" la grandezza del sacramento del matrimonio cristiano; mentre, nel "limite che si vive in uno spazio circoscritto" possiamo vedere ogni singolo matrimonio. Eppure, ogni singolo e concreto matrimonio, per quanto limitato, ha ricevuto la promessa di una pienezza e di un compimento, da parte di Colui che "pur essendo Dio, non tenne conto della sua dignità, anzi si spogliò, si fece uomo"[18]. Il Verbo di Dio, eterno e infinito Dio, svuotò se stesso e assunse il limite umano per dare a noi la sua pienezza. "Conoscete infatti la grazia del Signore nostro Gesù Cristo: da ricco che era, si è fatto povero per voi, perché voi diventaste ricchi per mezzo della sua povertà"[19]. L'Incarnazione dà concretezza all'amore, lo fa divenire realtà. Questo ci fa vedere che per incarnare realmente l'amore vero, pieno, l'amore di Dio nel nostro matrimonio abbiamo bisogno di metterci nelle mani di questo Amore nella Chiesa e, piano piano, lasciarci trasformare. Quindi, aprirsi all'amore di Dio, nella Chiesa e grazie ad essa, fa sì che si generi in noi un processo: essere portati, un passo dopo l'altro, alla pienezza promessa, che si incarna nei limiti vari che caratterizzano spazi, epoche e persone. Il principio generatore di un processo che sia una «storia di salvezza»[20] è il *Kerygma*. Ritenere il tempo superiore allo spazio "permette di lavorare a lunga scadenza, senza l'ossessione dei risultati immediati. Aiuta a sopportare con

---

[18] Cfr. Fil 2,6-7
[19] 2 Cor 8,9
[20] AL 221

pazienza situazioni difficili e avverse, o i cambiamenti dei piani che il dinamismo della realtà impone. È un invito ad assumere la tensione tra la pienezza e il limite, assegnando priorità al tempo. [...] Dare priorità allo spazio porta a diventar matti per risolvere tutto nel momento presente, per tentare di prendere possesso di tutti gli spazi di potere e di autoaffermazione. Significa cristallizzare i processi e pretendere di fermarli. Dare priorità al tempo significa occuparsi di iniziare processi più che di possedere spazi. Il tempo ordina gli spazi, li illumina e li trasforma in anelli di una catena in costante crescita, senza retromarce. Si tratta di privilegiare le azioni che generano nuovi dinamismi nella società e coinvolgono altre persone e gruppi che le porteranno avanti, affinché fruttifichino in importanti avvenimenti storici. Senza ansietà, però con convinzioni chiare e tenaci"[21].

Siamo di fronte ad un principio che ci invita ad assumere "la tensione fra la pienezza e il limite", che può essere vissuta anche come contraddizione, senza perdere la speranza. "Assegnando priorità al tempo", ovvero permettendo a Dio di portare avanti con noi una «storia di salvezza», vedremo risolversi tale tensione o contraddizione nel dono che Dio fattosi uomo ci fa di Se stesso nella Parola, nei sacramenti, nella comunità cristiana.

2.   *L'unità prevale sul conflitto*

"Il conflitto non può essere ignorato o dissimulato. Dev'essere accettato. Ma se rimaniamo intrappolati in esso, perdiamo la

---

[21] EG 223

prospettiva, gli orizzonti si limitano e la realtà stessa resta frammentata. Quando ci fermiamo nella congiuntura conflittuale, perdiamo il senso dell'unità profonda della realtà. Di fronte al conflitto, alcuni semplicemente lo guardano e vanno avanti come se nulla fosse, se ne lavano le mani per poter continuare la loro vita. Altri entrano nel conflitto in modo tale che ne rimangono prigionieri, perdono l'orizzonte, proiettano sulle istituzioni le proprie confusioni e insoddisfazioni e così l'unità diventa impossibile. Vi è però un terzo modo, il più adeguato, di porsi di fronte al conflitto. È accettare di sopportare il conflitto, risolverlo e trasformarlo in un anello di collegamento di un nuovo processo. «Beati gli operatori di pace» (Mt 5,9)"[22].

Anche nel matrimonio, nel sacramento dell'unità, dell'«una sola carne», si verificano conflitti. I primi due modi, presentati da Papa Francesco, cedono alla divisione e la conclusione consiste nel soccombere al conflitto. Nel primo caso, la divisione viene avvolta da un velo di ipocrisia; nel secondo caso, ci si fossilizza su prese di posizione, si cerca qualcuno da incolpare, si pensa che il matrimonio sia le confusioni che viviamo o le insoddisfazioni che proviamo. Anche in questo caso si resta divisi sia fra i coniugi sia in se stessi. Il terzo caso, invece, è l'unico che porta ad una svolta. Le prime due modalità di affrontare il conflitto cedono alla tentazione della divisione perché non sanno rispondere alla sofferenza, che vivere un conflitto comporta. Accettare il conflitto con la sofferenza e il dolore, la precarietà, le contraddizioni che lo

---

[22] EG 226-227

accompagnano, senza cedere alla tentazione di dividersi, è possibile se i coniugi hanno conosciuto la potenza salvifica del Crocifisso. Colui che fu separato dai suoi, che fu lacerato nel suo corpo, calunniato, insultato, inchiodato alla contraddizione che è la Croce – ma come Dio che si fa uomo per andare a morire come uno schiavo rigettato dal suo popolo e offeso e ucciso dagli altri? È questa la fine che fa uno che doveva portare salvezza e felicità? È questa la fine del Figlio di Dio? Ma se sei Figlio di Dio, perché non scendi dalla croce? – non permise a tale insulto, a tale ignominia di separarlo dal Padre e dalla sua volontà. Anzi, Egli mostrò che la comunione, l'amore fra Padre e Figlio è più forte della morte e assumendo il dolore, la sofferenza e la morte le riempie di senso con il suo amore. Gesù ha mostrato che l'amore di Dio è comunione più forte della morte e supera ogni divisione. Non solo lo ha mostrato, ma lo dona a chi lo chiede. Vivere il conflitto insieme a Cristo fa sì che questo venga trasformato e da esso l'amore fuoriesca più forte, purificato. Nasce così o si rafforza una unità animata dallo Spirito, il quale "armonizza tutte le diversità" e "supera qualsiasi conflitto in una nuova, promettente sintesi", in una "diversità riconciliata"[23].

Afferma il Papa: "in questo modo, si rende possibile sviluppare una comunione nelle differenze, che può essere favorita solo da quelle nobili persone che hanno il coraggio di andare oltre la superficie conflittuale e considerano gli altri nella loro dignità più profonda"[24]. Possiamo dire che nobile è chi con coraggio va oltre,

---

[23] EG 230
[24] EG 228

ma anche che Dio infonde il coraggio per andare oltre. Dio nobilita l'uomo.

3. *La realtà è più importante dell'idea*

"La realtà è superiore all'idea. Questo criterio è legato all'incarnazione della Parola e alla sua messa in pratica: «In questo potete riconoscere lo Spirito di Dio: ogni spirito che riconosce Gesù Cristo venuto nella carne, è da Dio» (1 Gv 4,2). [...] Non mettere in pratica, non condurre la Parola alla realtà, significa costruire sulla sabbia, rimanere nella pura idea e degenerare in intimismi e gnosticismi che non danno frutto, che rendono sterile il suo dinamismo"[25].

Progettare di mantenere l'amore solo al livello di coppia, escludendo l'apertura ad un figlio, porta a rinchiudere i coniugi in se stessi, ad auto centrarli e li sconfina in forme di intimismo e di gnosticismo. Questi due sconfinamenti sono facilmente individuabili dal fatto di disincarnare, di alienare dalla realtà. Si respira, per quanto possa essere celata, un'aria di egoismo. Non ci si vuole compromettere o abbassare alla "normalità" del matrimonio. È come se gli sposi dicessero: «Noi siamo diversi»; ma in un senso elitario, orgoglioso, chiuso. Questo è un atteggiamento che conduce a vivere una vita sterile. E forse arriveranno la presa di coscienza e il desiderio di generare quando il tempo di dare frutti sarà passato. Perché tale attitudine non si rende conto che esiste un tempo per ogni cosa e anche un luogo.

---

[25] EG 233

La natura con i suoi tempi e i suoi cicli, con i suoi segnali ci aiuta a capire questa verità.

Lasciare alla Parola la sua forza dinamica, la sua potenza che mette in movimento è possibile se si accetta di entrare in tale movimento, con il quale possiamo collaborare grazie alla nostra libertà, ma che non controlliamo in maniera assoluta, a causa della libertà di Dio. Tuttavia, molto, a volte tutto, nel permettere il movimento che nasce dalla Parola, sta alla nostra libertà. Perché Dio si propone, ma non si impone. Il matrimonio, come ogni vocazione, non "sfugge all'ottica della Croce". E spesso nel dolore e nelle difficoltà si incarna e si manifesta la realtà del vero amore. Sono possibili grandi croci nella storia di una persona, ma c'è anche una croce quotidiana da portare nella vita di tutti i giorni. Permettere alla Parola di incarnarsi nella nostra vita ci porterà a vivere dei momenti di passione. E questo perché la Parola fatta carne, Gesù, si manifesti attraverso di noi anche ad altri. Tuttavia, il cristiano è discepolo del Risorto. Gesù non rimase nelle angosce della morte, ma ne spezzò il potere. Allora, se è vero che la vita cristiana non sfugge all'ottica della Croce, è altrettanto vero che essa non sfugge all'ottica della Risurrezione. La Risurrezione, la gioia, la presenza dello Spirito, con tutti i suoi doni, anche questo è parte fondamentale dell'esistenza cristiana.

4.   *Il tutto è superiore alla parte*

"Il tutto è più della parte, ed è anche più della loro semplice somma"[26].

Questo principio è vero anche per il matrimonio: è valido sia da un punto di vista filosofico sia da un punto di vista teologico.

In una relazione stabile e con in vista il raggiungimento di un bene comune, che è l'amore, la comunione stabile e aperta alla generazione di nuove vite, si stabilisce quella che già Aristotele chiamava reciprocità. Tra le due persone si instaura un processo in cui parole, silenzi, azioni, scelte, storia, etc., intervengono nella creazione di un "di più". Numericamente, siamo davanti a due persone, ma la reciprocità indica che l'amore è cresciuto e da due «io» si è arrivati ad un «noi». Uno più uno in un sistema, come questo che stiamo considerando, non fa due, ma tre: le due persone e il sistema sociale, la comunità dovuta alla reciprocità.

Se a questa visione aggiungiamo l'azione della grazia, che si manifesta sempre innanzitutto con una presenza di Dio, allora c'è una crescita esponenziale. In realtà, la grazia del sacramento crea una alleanza, di cui Dio è autore, insieme con gli sposi, e sommo garante. Avremo, allora, una apertura all'Infinito, la possibilità di ricominciare sempre, di abbeverarsi ad una fonte che zampilla per la vita eterna.

Questo discorso continua a valere, ovviamente, anche quando la dimensione matrimoniale è integrata con la dimensione familiare. Il principio per cui il tutto è superiore alla parte e alla somma delle parti vale anche per la "Chiesa domestica"[27], che è chiamata ad essere ogni famiglia cristiana. Essa "è il primo luogo in cui si

---

[26] EG 235
[27] LG 11

impara a collocarsi di fronte all'altro, ad ascoltare, a condividere, a sopportare, a rispettare, ad aiutare, a convivere. [...] Nel contesto familiare si insegna a recuperare la prossimità, il prendersi cura, il saluto. Lì si rompe il primo cerchio del mortale egoismo per riconoscere che viviamo insieme ad altri, con altri, che sono degni della nostra attenzione, della nostra gentilezza, del nostro affetto. [...] la famiglia deve inventare ogni giorno nuovi modi di promuovere il riconoscimento reciproco"[28].

Il modello geometrico che Papa Francesco applica alla riflessione sociale in generale risulta applicabile anche a livello familiare. "Il modello è il poliedro, che riflette la confluenza di tutte le parzialità che in esso mantengono la loro originalità"[29].

1.2 - Spunti per leggere il cammino matrimoniale e familiare

Papa Francesco intende il matrimonio come un processo dinamico, un itinerario per la santificazione degli sposi, della Chiesa[30] e della società. Il matrimonio è, perciò, un cammino segnato dalla grazia, che viene in soccorso all'umana debolezza. Infatti, dice il Papa: "non si deve gettare sopra due persone limitate il tremendo peso di dover riprodurre in maniera perfetta l'unione che esiste tra Cristo e la sua Chiesa, perché il matrimonio come segno implica «un processo dinamico, che avanza

---

[28] AL 276
[29] EG 236
[30] AL 72

gradualmente con la progressiva integrazione dei doni di Dio»"[31]. Infatti, è bene notare che la Chiesa con cui Cristo si unisce sono anche i due sposi cristiani, che corteggiati, amati, fecondati, condotti da Cristo possono successivamente vivere questo amore reciprocamente, sia perché possono donare ciò che hanno ricevuto sia perché Cristo è fra loro, è unito a loro[32].

In effetti, il matrimonio rispecchia il mistero delle nozze di Cristo con la Chiesa secondo una analogia imperfetta, ma allo stesso tempo, proprio perché sacramento esso partecipa di tali nozze e si abbevera alla sorgente dell'amore di Cristo per la sua Chiesa[33].

Più in là, al n. 131 leggiamo: "il matrimonio va oltre ogni moda passeggera e persiste. La sua essenza è radicata nella natura stessa della persona umana e del suo carattere sociale". Il matrimonio come processo ha in sé un elemento di stabilità e uno di dinamicità, entrambi contenuti nel verbo *persistere*, che significa *esistere attraverso*. Si unisce l'essere con la sua solidità, la sua struttura all'attraversare...tempi, momenti, attacchi, crisi, gioie, e così via. Pensiamo al libro della Genesi: Dio crea l'uomo e la donna e li unisce, comandando loro di essere fecondi, di moltiplicarsi, di

---

[31] AL 122; cit. FC 9

[32] AL 73: "il sacramento non è una «cosa» o una «forza», perché in realtà Cristo stesso «viene incontro ai coniugi cristiani attraverso il sacramento del matrimonio. Egli rimane con loro, dà loro la forza di seguirlo prendendo su di sé la propria croce, di rialzarsi dopo le loro cadute, di perdonarsi vicendevolmente, di portare gli uni i pesi degli altri»"

[33] Ivi: "il matrimonio cristiano è un segno che non solo indica quanto Cristo ha amato la sua Chiesa nell'Alleanza sigillata sulla Croce, ma rende presente tale amore nella comunione degli sposi. [...] Benché «l'analogia tra la coppia marito-moglie e quella Cristo-Chiesa» sia una «analogia imperfetta», essa invita ad invocare il Signore perché riversi il suo amore dentro i limiti delle relazioni coniugali"

riempire e custodire la terra. Questa è Parola di Dio, che rimane in *aeternum*; ma, al contempo, proprio perché Parola di Dio, essa è *dynamis* viva e vivificante, mette in movimento, avvia processi. Il matrimonio in generale, come detto, è un processo che esiste attraverso epoche e spazi (di maturazione, di combattimento, di lotta contro attacchi ideologici, etc.). La costanza della realtà matrimoniale rimanda all'essenza stessa del matrimonio, cioè, in definitiva, al disegno stabilito dal Creatore, alla volontà di Dio, che è eterna. L'essenza del matrimonio, ovvero essere "un'intima comunità di vita e di amore" aperta alla procreazione, trova la propria radice "nella natura stessa della persona umana e del suo carattere sociale". La persona umana, creata ad immagine e somiglianza di Dio, si caratterizza innanzitutto per la vita interiore, la vita spirituale, con la quale si relaziona con il mondo soprannaturale e con il mondo esteriore, in maniera anche superiore ai sensi corporei. Ora, la persona umana è caratterizzata dalla relazione, intesa non solo come capacità, ma come necessità, come struttura. La persona si relaziona con se stessa, con gli altri, con Dio. Nel matrimonio la persona è coinvolta in tutta la sua capacità relazionale: esteriore-corporea e interiore-spirituale. Il matrimonio è un processo omnicomprensivo, un cammino totalizzante; beninteso, in senso positivo, costruttivo della persona e della società.

Anche i gesti esprimono questo amore in cammino. Essi "devono essere costantemente coltivati, senza avarizia, ricchi di parole generose"[34].

Qui si evidenzia il processo tramite il verbo *coltivare*, usato sia per sottolineare una paziente e amorevole dedizione sia per l'aspetto culturale che nasce da relazioni sane e amorevoli, caratterizzate da una coscienza dei propri limiti, ma anche del valore dell'altro. Il processo di coltivazione dell'amore si concretizza in gesti e in azioni. E il segreto sta nel vivere coltivando con costanza e generosità, affinché poco alla volta si venga formati ad una costanza generosa, che non viene meno, che abbia il coraggio di ricominciare ogni giorno, e ad una costante generosità, ad un non risparmiarsi, ad un entrare nelle sfide della vita. Anche questa è fecondità.

"Tutto questo si realizza in un cammino di permanente crescita. Questa forma così particolare di amore che è il matrimonio, è chiamata ad una costante maturazione, perché ad essa bisogna sempre applicare quello che san Tommaso d'Aquino diceva della carità: «La carità, in ragione della sua natura, non ha un limite di aumento, essendo essa una partecipazione dell'infinita carità, che è lo Spirito Santo. [...] Nemmeno da parte del soggetto le si può porre un limite, poiché col crescere della carità, cresce sempre più anche la capacità di un aumento ulteriore». San Paolo esortava con forza: «Il Signore vi faccia crescere e sovrabbondare nell'amore fra voi e verso tutti» (1 Ts 3,12); e aggiunge: «Riguardo all'amore fraterno [...] vi esortiamo, fratelli, a progredire ancora di più» (1 Ts 4,9-10). Ancora di più. L'amore matrimoniale non si

---

[34] AL 133

custodisce prima di tutto parlando dell'indissolubilità come di un obbligo, o ripetendo una dottrina, ma fortificandolo grazie ad una crescita costante sotto l'impulso della grazia. L'amore che non cresce inizia a correre rischi, e possiamo crescere soltanto corrispondendo alla grazia divina mediante più atti di amore, con atti di affetto più frequenti, più intensi, più generosi, più teneri, più allegri. Il marito e la moglie «sperimentano il senso della propria unità e sempre più pienamente la conseguono». Il dono dell'amore divino che si effonde sugli sposi è al tempo stesso un appello ad un costante sviluppo di questo regalo della grazia"[35].

Siamo chiamati ad evidenziare i valori più che le leggi. Esse, se corrispondono alla verità salvifica, sono buone e necessarie. Tuttavia, è di grande importanza proporre una visione positiva della vita cristiana. In tale direzione possiamo leggere le parole del Santo Padre e possiamo comprendere la centralità della grazia divina. Il dono dell'amore divino all'amore umano grazie al sacramento del matrimonio – e agli altri sacramenti – sugella una grazia tale che ora gli sposi sono chiamati a, e quindi resi capaci di, vivere una vita nello Spirito, secondo il cammino proprio dell'esistenza cristiana.

Giustamente, il Santo Padre rileva che rispetto al passato la vita si è allungata. "Questo comporta la necessità di ritornare a scegliersi a più riprese"[36]. Poiché "l'amore che ci promettiamo supera ogni emozione, sentimento o stato d'animo, sebbene possa includerli. È un voler bene più profondo, con una decisione del cuore che

---

[35] AL 134
[36] AL 163

coinvolge tutta l'esistenza. [...] Ciascuno dei due compie un cammino di crescita e di cambiamento personale. Nel corso di tale cammino, l'amore celebra ogni passo e ogni nuova tappa"[37]. Continua Papa Francesco: "è il cammino di costruirsi giorno per giorno. Ma nulla di questo è possibile se non si invoca lo Spirito Santo, se non si grida ogni giorno chiedendo la sua grazia, se non si cerca la sua forza soprannaturale, se non gli si richiede ansiosamente che effonda il suo fuoco sopra il nostro amore per rafforzarlo, orientarlo e trasformarlo in ogni nuova situazione".[38] Lo Spirito, affinché sia possibile continuare a camminare, dona anche la speranza. "La speranza è quella che ha in sé la forza del lievito, quella che fa guardare oltre le contraddizioni, i conflitti, le contingenze, quella che fa sempre vedere oltre"[39].

Parlando di momenti difficili, che addirittura possono portare ad un triste epilogo, si legge: "una delle cause che portano alla rottura dei matrimoni è avere aspettative troppo alte riguardo alla vita coniugale. Quando si scopre la realtà, più limitata e problematica di quella che si aveva sognato, la soluzione non è pensare rapidamente e irresponsabilmente alla separazione, ma assumere il matrimonio come un cammino di maturazione, in cui ognuno dei coniugi è strumento di Dio per far crescere l'altro. Ogni matrimonio è una «storia di salvezza», e questo suppone che si parta da una fragilità che, grazie al dono di Dio e a una risposta creativa e generosa, via via lascia spazio a una realtà sempre più

---

[37] ivi
[38] AL 164
[39] AL 219

solida e preziosa"[40]. Ci scontriamo, a questo punto, con il problema del fallimento. Fallimento equivale e "fine dei giochi", spesso, segnata da dolorose ferite. Ma il cristianesimo è l'araldo della buona notizia, una notizia che restituisce speranza e infonde coraggio allo sfiduciato, un annuncio di vita e di salvezza. Nel cristianesimo il fallimento non rappresenta inesorabilmente la fine. Il cristianesimo ha l'antidoto non contro il fallimento, ma contro la morte, la fine inesorabile. Le fragilità, le delusioni, le ferite, i peccati possono essere colti come opportunità per una storia di salvezza. È necessario lasciare spazio a Dio e ciò significa aprirsi all'umile riconoscimento della nostra debolezza e accogliere l'annuncio di Cristo che ci porta l'amore, la salvezza. Lasciare spazio a Dio si traduce nel vivere in costante conversione. Un modo concreto di aprirsi a Dio è accettare di aver bisogno di ricevere aiuto dalla Chiesa. E la Chiesa insegna che il segreto sta nel consegnare il fallimento a Colui che dal fallimento totale, cioè la morte, è Risorto. La Risurrezione di Cristo non è un ritorno alla vita di prima, ma senza morte, come se si riavvolgesse il nastro della storia, è, invece, l'ingresso in una vita sulla quale la morte non ha potere. Anzi, colui che ha questa vita, colui che è questa Vita, ha Lui potere sulla morte. Consegnare il fallimento, la corruzione, la degradazione, insomma la morte, a Gesù Cristo, in umile e fiduciosa attesa, pur nel combattimento, nella fatica di consegnarsi ad un altro, apre la porta all'esperienza della risurrezione. Gesù dona non tanto semplici soluzioni, quanto

---

[40] AL 221

piuttosto un nuovo inizio, un nuovo modo di amare e relazionarsi, con Dio innanzitutto, con noi stessi, con gli altri – a partire dal proprio coniuge -, ma anche con la storia, la storia personale e matrimoniale, la storia familiare[41]. Così, diamo l'opportunità a Dio di condurre una storia di salvezza. È un'opportunità per noi, in realtà. Ogni crisi vissuta con il Signore è "come un parto che passerà e lascerà un nuovo tesoro"[42].

Prendere atto che nella Chiesa ci sono famiglie che rispondono aprendosi a Dio, fa esclamare al Papa: "rendo grazie a Dio perché molte famiglie, che sono ben lontane dal considerarsi perfette, vivono nell'amore, realizzano la propria vocazione e vanno avanti anche se cadono tante volte lungo il cammino"[43]. "Infatti, come abbiamo ricordato più volte in questa Esortazione, nessuna famiglia è una realtà perfetta e confezionata una volta per sempre, ma richiede un graduale sviluppo della propria capacità di

---

[41] Cfr. AL 240: "molti terminano la propria infanzia senza aver mai sperimentato di essere amati incondizionatamente, e questo ferisce la loro capacità di aver fiducia e di donarsi. Una relazione mal vissuta con i propri genitori e fratelli, che non è mai stata sanata, riappare, e danneggia la vita coniugale. Dunque bisogna fare un percorso di liberazione che non si è mai affrontato. Quando la relazione fra i coniugi non funziona bene, prima di prendere decisioni importanti, conviene assicurarsi che ognuno abbia fatto questo cammino di cura della propria storia. Ciò esige di riconoscere la necessità di guarire, di chiedere con insistenza la grazia di perdonare e di perdonarsi, di accettare aiuto, di cercare motivazioni positive e di ritornare a provare sempre di nuovo. Ciascuno dev'essere molto sincero con se stesso per riconoscere che il suo modo di vivere l'amore ha queste immaturità. Per quanto possa sembrare evidente che tutta la colpa sia dell'altro, non è mai possibile superare una crisi aspettando che solo l'altro cambi. Occorre anche interrogarsi sulle cose che uno potrebbe personalmente maturare o sanare per favorire il superamento del conflitto"
[42] AL 234
[43] AL 57

amare"[44].

Ecco, perché possiamo concludere questa breve illustrazione del cammino matrimoniale e familiare nell'esortazione *Amoris laetitia* con l'esclamazione di Papa Francesco: "Camminiamo, famiglie, continuiamo a camminare!"[45].

---

[44] AL 325
[45] Ivi

2 - L'educazione all'amore

Siamo di fronte ad una crisi antropologica e culturale epocale. In questo contesto, «gli individui sono meno sostenuti che in passato dalle strutture sociali nella loro vita affettiva e familiare»[46].

Urge, pertanto, che i genitori riscoprano «il dovere di compiere con serietà la loro missione educativa»[47].

Riguardo tale missione, bisogna tenere in considerazione due punti fondamentali: il primo è che i genitori sono chiamati a "testimoniare nella propria esistenza" quanto insegnano ai figli, in primis, ma anche ad altri; il secondo punto riguarda l'insegnamento in sé. Cosa insegnare? "Nessuno ha un amore più grande di questo: dare la vita per i suoi amici" (Gv 15,13). Siamo chiamati a educare a questo amore, testimoniandolo e, perciò, sono importanti tre disposizioni: la misericordia, il perdono e la tenerezza[48]. Già san Paolo VI ricordava che il mondo avrebbe ascoltato solo maestri che fossero stati, al contempo, testimoni.

Nel processo educativo dobbiamo tenere presente che «siamo chiamati a formare le coscienze, non a pretendere di sostituirle»[49]. Questo è il rischio in ogni sfida educativa: portare a scegliere il bene, rispettando la libertà. Purtroppo, tale principio non sempre si rispetta: non lo si è fatto in passato (vedi dittature totalitarie del Novecento), non lo si fa ora, spesso. Infatti, «si è aperta una frattura tra famiglia e società, tra famiglia e scuola, il patto

---

[46] AL 32
[47] AL 17
[48] AL 27-28
[49] AL 37

educativo oggi si è rotto; e così, l'alleanza educativa della società con la famiglia è entrata in crisi»[50]. Dice il Santo Padre: «mi sembra molto importante ricordare che l'educazione integrale dei figli è "dovere gravissimo" e allo stesso tempo "diritto primario" dei genitori»[51], un "diritto essenziale e insostituibile". Infatti, «lo Stato offre un servizio educativo in maniera sussidiaria, accompagnando la funzione non delegabile dei genitori, che hanno il diritto di poter scegliere con libertà il tipo di educazione – accessibile e di qualità – che intendono dare ai figli secondo le proprie convinzioni. La scuola non sostituisce i genitori bensì è ad essi complementare. Questo è un principio basilare: "Qualsiasi altro collaboratore nel processo educativo deve agire in nome dei genitori, con il loro consenso e, in una certa misura, anche su loro incarico"»[52]. Ci rendiamo conto che la sfida educativa è una delle più importanti sfide rivolte alla famiglia? Tale sfida è «resa più impegnativa e complessa dalla realtà culturale attuale e della grande influenza dei media»[53]. «La Chiesa è chiamata a collaborare, con un'azione pastorale adeguata, affinché gli stessi genitori possano adempiere la loro missione educativa. Deve farlo aiutandoli sempre a valorizzare il loro ruolo specifico, e a riconoscere che coloro che hanno ricevuto il sacramento del matrimonio diventano veri ministri educativi, perché nel formare i loro figli edificano la Chiesa, e nel farlo accettano una vocazione

---

[50] AL 84
[51] Ivi
[52] Ivi
[53] Ivi

che Dio propone loro»[54].

C'è bisogno di rafforzare una capacità propositiva. Infatti, «il messaggio della Chiesa sul matrimonio e la famiglia» è «un chiaro riflesso della predicazione e degli atteggiamenti di Gesù, il quale nel contempo proponeva un ideale esigente e non perdeva mai la vicinanza compassionevole alle persone fragili»[55].

È importante che «in seno alle famiglie si sviluppi uno stile di reciprocità»[56] fedele, in positivo contrasto con la "cultura del provvisorio". In essa, «si trasferisce alle relazioni affettive quello che accade con gli oggetti e con l'ambiente: tutto è scartabile, ciascuno usa e getta, spreca e rompe, sfrutta e spreme finché serve. E poi addio. Il narcisismo rende le persone incapaci di guardare al di là di se stesse, dei propri desideri e necessità»[57].

Ora, «il matrimonio è un "dono" del Signore (cfr. 1 Cor 7,7)»[58]. Basti pensare alla «incarnazione del Verbo in una famiglia umana, a Nazaret»[59]. È, infatti, importante riconoscere che «l'alleanza di amore e fedeltà, di cui vive la Santa Famiglia di Nazaret, illumina il principio che dà forma ad ogni famiglia, e la rende capace di affrontare meglio le vicissitudini della vita e della storia. Su questo fondamento, ogni famiglia, pur nella sua debolezza, può diventare una luce nel buio del mondo. "Qui comprendiamo il modo di vivere in famiglia. Nazaret ci ricordi che cos'è la famiglia, cos'è la

---

[54] AL 85
[55] AL 38
[56] AL 54
[57] AL 39
[58] AL 61
[59] AL 65

comunione di amore, la sua bellezza austera e semplice, il suo carattere sacro e inviolabile; ci faccia vedere come è dolce ed insostituibile l'educazione in famiglia, ci insegni la sua funzione naturale nell'ordine sociale" (Paolo VI, *Discorso a Nazaret*, 5 gennaio 1964)»[60].

All'interno del processo educativo, è imprescindibile la conoscenza - quanto più approfondita e meditata, tanto meglio – di alcuni fondamentali documenti della Chiesa, che riguardano la famiglia. Li elenchiamo di seguito:

- *Gaudium et spes*, nn. 47-52, sulla dignità del matrimonio e della famiglia e sua valorizzazione;
- *Lumen gentium*, n. 11, sulla famiglia come Chiesa domestica;
- *Evangelii nuntiandi*, n. 71, sul rapporto tra la famiglia e la Chiesa;
- *Humanae vitae*, sulla trasmissione della vita umana;
- *Le catechesi sull'amore umano* di Giovanni Paolo II;
- *Gratissimam sane*, lettera alle famiglie;
- *Familiaris consortio*, sui compiti della famiglia cristiana;
- *Deus caritas est*, sull'amore;
- *Caritas in veritate*, sullo sviluppo umano integrale nella carità e nella verità;
- *Amoris laetitia*, sull'amore nella famiglia

Bisogna ricordare che: Cristo è sempre il punto di partenza di ogni processo veramente formativo dell'uomo e che il mondo ascolta

---

[60] AL 66

maestri solo se sono testimoni. Bisogna che l'educatore si riappropri anche del ruolo di testimone. Leggiamo, infatti: «Con intima gioia e profonda consolazione, la Chiesa guarda alle famiglie che restano fedeli agli insegnamenti del Vangelo, ringraziandole e incoraggiandole per la testimonianza che offrono. Grazie ad esse, infatti, è resa credibile la bellezza del matrimonio indissolubile e fedele per sempre. Nella famiglia, "che si potrebbe chiamare Chiesa domestica" (*Lumen gentium*, 11), matura la prima esperienza ecclesiale della comunione tra persone, in cui si riflette, per grazia, il mistero della Santa Trinità. "È qui che si apprende la fatica e la gioia del lavoro, l'amore fraterno, il perdono generoso, sempre rinnovato, e soprattutto il culto divino attraverso la preghiera e l'offerta della propria vita" (*Catechismo della Chiesa Cattolica*, 1657)»[61].

Abbiamo parlato un po' del contesto storico dell'educazione, del soggetto educatore: i coniugi, del diritto – dovere ad educare. Ma del contenuto dell'educazione cosa possiamo dire? Dell'amore cosa possiamo dire? Il Santo Padre ci aiuta additandoci il famoso "inno alla carità" di san Paolo (1 Cor 13,4-7), offrendoci delle applicazioni concrete. Quali atteggiamenti, quali virtù, che attitudini, che tensioni positive nascono dall'amore?

- La pazienza[62]. Significa essere "lenti all'ira" (Es 34,6; Nm 14,18), come Dio. «Si mostra quando la persona non si lascia guidare dagli impulsi ed evita di aggredire»[63].

---

[61] AL 86
[62] AL 91-92
[63] AL 91

Consiste nel riconoscere che l'altro ha diritto ad esistere così com'è;

- La benevolenza[64]. È un atteggiamento attivo e creativo, che accompagna e caratterizza la pazienza. Benevolenza significa mostrare la bontà nelle azioni. È un amore che promuove l'altro. Non per caso, il verbo "amare" in ebraico indica "fare il bene";

- La gelosia o l'invidia[65]. Consiste nella tristezza, nel dispiacere per il bene altrui. Nasce da un concentramento sul proprio io. Mentre, l'amore riconosce il diritto alla felicità, «accetta il fatto che ognuno ha doni differenti e strade diverse nella vita. Dunque fa in modo di scoprire la propria strada per essere felice, lasciando che gli altri trovino la loro»[66].

- La vanità e l'orgoglio[67]. Si manifestano in un'ansia di mostrarsi superiori. È arroganza. C'è bisogno di umiltà «per poter comprendere, scusare e servire gli altri di cuore»[68];

- L'amabilità[69]. Non rudezza, durezza, scortesia, ma delicatezza. La famiglia ha bisogno di imparare il "linguaggio amabile di Gesù": «chi ama è capace di dire parole di incoraggiamento, che confortano, che danno forza, che consolano, che stimolano»[70];

---

[64] AL 93-94
[65] AL 95-96
[66] AL 95
[67] AL 97-98
[68] AL 98
[69] AL 99-100
[70] AL 100

- Il distacco generoso[71]. Dice Tommaso d'Aquino: "è più proprio della carità voler amare che voler essere amati". L'amore sa donare gratuitamente e sino alla fine;

- L'indignazione[72]. Si tratta di un'irritazione che ci mette sulla difensiva e ci isola, di un'ira che ci fa perdere la pace. «Perciò, non bisogna mai finire la giornata senza fare pace in famiglia»[73]. Bastano anche piccoli gesti;

- Il perdono[74]. Non è rancoroso, cerca di comprendere la debolezza altrui, di giustificare, sebbene, è chiaro, la comunione richieda un grande spirito di sacrificio. È importante anche imparare a perdonare se stessi. «Ma [tutto] questo presuppone l'esperienza di essere perdonati da Dio, giustificati gratuitamente e non per i nostri meriti»[75];

- Il rallegrarsi con gli altri[76]. L'amore non si compiace dell'ingiustizia, ma della verità. Proprio della famiglia dev'essere uno spirito di festa. Rallegrarsi per il bene altrui è molto apprezzato dal Signore. Come ci si rallegra della felicità dell'altro? Facendo festa con lui;

- Tutto scusa[77]. Riguarda l'uso della lingua: giudicare, condannare, danneggiare l'immagine, diffamare, in sintesi, maledire. L'amore benedice: parla bene, non sottolinea nei

---

[71] AL 101-102
[72] AL 103-104
[73] AL 104
[74] AL 105-108
[75] AL 108
[76] AL 109-110
[77] AL 111-113

e difetti, valorizza;

- La fiducia[78]. L'amore lascia libertà, spazi. Quando si sperimenta la fiducia, si entra nella sincerità e si rifiuta l'inganno, la doppiezza;

- La speranza[79]. «Non dispera del futuro. [...] Indica la speranza di chi sa che l'altro può cambiare»[80];

- Tutto sopporta[81]. «Significa mantenersi saldi nel mezzo di un ambiente ostile»[82].

Ora, «i gesti che esprimono tale amore devono essere costantemente coltivati, senza avarizia, ricchi di parole generose»[83]. A questo proposito, aiutano "tre parole: permesso, grazie, scusa"[84]. Non aiutano invece certe "fantasie", certe "idee", che bloccano il cammino di maturazione dell'amore, privandolo di stimoli[85]. Un'esagerata idealizzazione disincarna, aliena e demotiva. Non è casuale che tale parola abbia la stessa radice di idolo, ovvero una realtà disincarnata, falsa, da cui ci si aspetta qualcosa, alienandosi.

A questo punto, avendo parlato del contesto, dell'educatore, del contenuto – l'amore -, dobbiamo chiederci: qual è il modello da seguire? «Gesù era un modello, perché quando qualcuno si avvicinava a parlare con Lui, fissava lo sguardo, guardava con

---

[78] AL 114-115
[79] AL 116-117
[80] AL 116
[81] AL 118-119
[82] AL 118
[83] AL 133
[84] Ivi
[85] AL 135

amore (cfr. Mc 10,21). Nessuno si sentiva trascurato in sua presenza, poiché le sue parole e i suoi gesti erano espressione di questa domanda: "Che cosa vuoi che io faccia per te?" (Mc 10,51)»[86].

È chiaro che l'educazione all'amore si attua sia con la testimonianza della vita che con un proficuo e sapiente dialogo[87]. Nell'educazione all'amore rientra l'educazione delle emozioni, degli istinti[88], dell'eros[89], della dimensione sessuale in genere[90], della fede[91], delle virtù (tratteremo in altri capitoli questi argomenti). In sostanza, la vera scuola d'amore familiare si realizza, si concretizza, si incarna nella vita della famiglia in senso ampio[92]. Ecco il cammino affinché la famiglia scopra una sua peculiare spiritualità, bene necessario e fondamentale.

«La carità assume diverse sfumature, a seconda dello stato di vita a cui ciascuno è stato chiamato. Già alcuni decenni fa, il Concilio Vaticano II, a proposito dell'apostolato dei laici, metteva in risalto la spiritualità che scaturisce dalla vita familiare. Affermava che la spiritualità dei laici "deve assumere una sua fisionomia particolare" anche dallo "stato del matrimonio e della famiglia" e che le preoccupazioni familiari non devono essere qualcosa di estraneo al loro stile di vita spirituale. Pertanto vale la pena di fermarci brevemente a descrivere alcune caratteristiche

---

[86] AL 323
[87] AL 136-141
[88] AL 143-149
[89] AL 150-157
[90] AL 158-184, 280-286
[91] AL 287-290
[92] AL 187-198

fondamentali di questa spiritualità specifica che si sviluppa nel dinamismo delle relazioni della vita familiare»[93].

Quando una persona è in grazia, nel suo cuore abita Dio. Quando una coppia di sposi e una famiglia sono in grazia, cioè quando vivono in comunione, in essi abita la Trinità, comunione delle tre persone divine, come in un tempio[94]. Da quanto abbiamo potuto scorgere finora, «la spiritualità dell'amore familiare è fatta di migliaia di gesti reali e concreti. [...] Questa dedizione [della famiglia] unisce "valori umani e divini", perché è piena dell'amore di Dio. In definitiva, la spiritualità matrimoniale è una spiritualità del vincolo abitato dall'amore divino»[95]. Il Santo Padre ci conduce a comprendere che la peculiare spiritualità della famiglia deve assumere il carattere di "spiritualità del vincolo abitato dall'amore divino". Deve essere una spiritualità dell'Alleanza. La storia della salvezza è la storia dell'Alleanza di Dio con il suo popolo, compiuta nella pienezza dei tempi nella "nuova ed eterna alleanza" di Cristo, comunicata ai nostri cuori dallo Spirito Santo. È vitale che la famiglia cristiana – un grande mistero! (Ef 5,32) – viva del Mistero della fede, del Mistero Pasquale, affinché in essa si respiri e si sostanzi che Dio è Pasqua, ovvero Amore, ovvero Alleanza. Ecco, allora, che «una comunione familiare vissuta bene è un vero cammino di santificazione nella vita ordinaria e di crescita mistica, un mezzo per l'unione intima con Dio»[96]. Ciò è possibile perché

---

[93] AL 313
[94] AL 314
[95] AL 315
[96] AL 316

«"la persona umana ha una nativa e strutturale dimensione sociale" e "la prima e originaria espressione della dimensione sociale della persona è la coppia e la famiglia" […] Pertanto, coloro che hanno desideri spirituali profondi non devono sentire che la famiglia li allontana dalla crescita nella vita dello Spirito, ma che è un percorso che il Signore utilizza per portarli ai vertici dell'unione mistica»[97]. La "spiritualità del vincolo abitato dall'amore divino" è una spiritualità pasquale. Grazie ad essa, la famiglia si concentra in Cristo, è unificata e illuminata da Lui. La famiglia sperimenta, certo, sofferenze e dolori, croci, ma "in comunione con la croce del Signore", in un "abbraccio con Lui", in "unione con Gesù", «"che trasforma le difficoltà e le sofferenze in offerta d'amore". D'altra parte, i momenti di gioia, il riposo o la festa, e anche la sessualità, si sperimentano come una partecipazione alla vita piena della sua Risurrezione»[98]. Inseriti in questa *dynamis* (movimento che coinvolge l'azione dello Spirito), «si può sperimentare la presenza mistica del Signore risorto»[99]. Tale *dynamis*, che scaturisce dalla fede pasquale, si esprime e rafforza nella preghiera, nella devozione alla Santissima Vergine Maria, nella pietà popolare, nel sacramento della riconciliazione, nell'Eucaristia. «Là, gli sposi possono sempre sigillare l'alleanza pasquale che li ha uniti e che riflette l'Alleanza che Dio ha sigillato con l'umanità sulla Croce»[100]. Infatti, «il nutrimento dell'Eucaristia è forza e stimolo per vivere

---

[97] AL 316
[98] AL 317
[99] Ivi
[100] AL 318

ogni giorno l'alleanza matrimoniale come "Chiesa domestica"»[101]. Ora, tanto è esclusivo l'amore di Dio per ogni uomo, tanto è esclusiva la scelta dei coniugi. Infatti, «nel matrimonio si vive anche il senso di appartenere completamente a una sola persona»[102]. Nell'esclusività troviamo un grande aiuto spirituale, un autentico sprone: «ogni coniuge è per l'altro segno e strumento della vicinanza del Signore, che non ci lascia soli: "Io sono con voi tutti i giorni, fino alla fine del mondo" (Mt 28,20)»[103]. L'altro è lo strumento che ci aiuta a dialogare con il Signore, poiché «ciascuno è per l'altro una permanente provocazione dello Spirito»[104].

Possiamo chiederci: in sintesi, l'educazione all'amore e la sua spiritualità a cosa concretamente portano? Cosa desidera l'Amore per me, per il mio matrimonio, per la mia famiglia?

«Una profonda esperienza spirituale»: «contemplare ogni persona cara con gli occhi di Dio e riconoscere Cristo in lei. [...] Così fiorisce la tenerezza, in grado di "suscitare nell'altro la gioia di sentirsi amato. Essa si esprime in particolare nel volgersi con attenzione squisita ai limiti dell'altro, specialmente quando emergono in maniera evidente"»[105]. Allora, amare è veramente una gioia; l'amore realmente porta con sé una letizia unica! Notiamo, infine, che, poiché "l'amore dà sempre vita"[106], è apertura, "accoglie la vita", è ospitale, è sensibile verso "poveri" e

---

[101] Ivi
[102] AL 319
[103] Ivi
[104] AL 321
[105] AL 323
[106] AL 165

"abbandonati"[107]. In effetti, «l'amore sociale, riflesso della Trinità, è in realtà ciò che unifica il senso spirituale della famiglia e la sua missione all'esterno di se stessa, perché rende presente il *Kerygma* con tutte le sue esigenze comunitarie. La famiglia vive la sua spiritualità peculiare essendo, nello stesso tempo, una Chiesa domestica e una cellula vitale per trasformare il mondo»[108]. Ecco a cosa porta l'amore: a trasformare il mondo, perché viva.

---

[107] AL 324
[108] Ivi

3 - La famiglia e il dialogo

«La gioia dell'amore che si vive nelle famiglie è anche il giubilo della Chiesa»[109].

Così inizia l'esortazione apostolica postsinodale sull'amore nella famiglia *Amoris laetitia*.

L'amore comunica gioia e la gioia di coloro che amiamo è la nostra gioia. Dalla frase d'apertura del documento già ci appare chiara una realtà: la Chiesa ama la famiglia.

Ora, il tema di questo approfondimento è "la famiglia e il dialogo". L'amore comunica gioia dicevamo...e l'amore in famiglia come si comunica? L'amore la famiglia come lo comunica?

Comunicazione significa azione comune, cioè l'azione di mettere in comune un'informazione o qualcosa o piuttosto se stessi. In questo caso la comunicazione è un dialogo: dire se stessi, dare se stessi.

Leggiamo nell'esortazione: «il dialogo è una modalità privilegiata e indispensabile per vivere, esprimere e maturare l'amore nella vita coniugale e familiare. Ma richiede un lungo e impegnativo tirocinio. Uomini e donne, adulti e giovani, hanno modi diversi di comunicare, usano linguaggi differenti, si muovono con altri codici. Il modo di fare domande, la modalità delle risposte, il tono utilizzato, il momento e molti altri fattori possono condizionare la comunicazione. Inoltre, è sempre necessario sviluppare alcuni atteggiamenti che sono espressione di amore e rendono possibile il

---

[109] AL, 1

dialogo autentico. Darsi tempo, tempo di qualità, che consiste nell'ascoltare con pazienza e attenzione. [...] Questo richiede l'ascesi di non incominciare a parlare prima del momento adatto. [...] Questo implica fare silenzio interiore per ascoltare senza rumori nel cuore e nella mente: spogliarsi da ogni fretta, mettere da parte le proprie necessità e urgenze, fare spazio»[110]. Leggiamo ancora che bisogna «sviluppare l'abitudine di dare importanza reale all'altro. Si tratta di dare valore alla sua persona, di riconoscere che ha il diritto di esistere, a pensare in maniera autonoma e ad essere felice. [...] Per tale ragione bisogna cercare di mettersi nei suoi panni e di interpretare la profondità del suo cuore, individuare quello che lo appassiona e prendere quella passione come punto di partenza per approfondire il dialogo»[111]. È molto importante, a questo punto, inserire nella definizione del dialogo il principio della verità. L'autentico dialogo è una chiamata a condividere, non a dividere e nella ricerca dell'unità è necessario scoprire la diversità non tanto come un possibile pericolo, quanto come una possibilità, un arricchimento. Pertanto, unità nella diversità. Dice il Santo Padre: «l'unità alla quale occorre aspirare non è uniformità, ma una "unità nella diversità" o una "diversità riconciliata". In questo stile arricchente di comunione fraterna, i diversi si incontrano, si rispettano e si apprezzano [...]. C'è bisogno di liberarsi dall'obbligo di essere uguali. E ci vuole anche astuzia per accorgersi in tempo delle "interferenze" che possono comparire, in modo che non distruggano un processo di dialogo.

---

[110] AL, 136-137
[111] AL, 138

Per esempio, riconoscere i cattivi sentimenti [...]. È importante la capacità di esprimere ciò che si sente senza ferire; utilizzare un linguaggio e un modo di parlare che possano essere più facilmente accettati o tollerati dall'altro, benché il contenuto sia esigente; esporre le proprie critiche senza però scaricare l'ira come forma di vendetta, ed evitare un linguaggio moralizzante che cerchi soltanto di aggredire, ironizzare, incolpare, ferire»[112]. Una notevole disposizione di fondo quando affrontiamo un dialogo è la tenerezza, vale a dire «l'arte di "sentire" l'uomo tutto intero, tutta la sua persona, tutti i moti della sua anima, anche i più nascosti, pensando sempre al suo vero bene»[113]. Papa Francesco ne parla così: «avere gesti di attenzione per l'altro e dimostrazioni di affetto. L'amore supera le peggiori barriere. Quando si può amare qualcuno o quando ci sentiamo amati da lui, riusciamo a comprendere meglio quello che vuole esprimere e farci capire. Superare la fragilità che ci porta ad avere timore dell'altro come se fosse un "concorrente". È molto importante fondare la propria sicurezza su scelte profonde, convinzioni e valori, e non sul vincere una discussione o sul fatto che ci venga data ragione. Infine, riconosciamo che affinché il dialogo sia proficuo bisogna avere qualcosa da dire, e ciò richiede una ricchezza interiore che si alimenta nella lettura, nella riflessione personale, nella preghiera e nell'apertura alla società. Diversamente, le conversazioni

---

[112] AL, 139

[113] Karol Wojtyla, Amore e responsabilità, ed. Marietti, 1980, XI ristampa 2005, (ed. originale 1960), p. 150

diventano noiose e inconsistenti»[114].

Nell'esposizione seguiremo questi punti: dialogo della famiglia:

1. Con il coniuge;
2. Con i figli;
3. Tra fratelli;
4. Con i nonni;
5. Con la Chiesa;
6. Con la società;
7. Con Dio.

1. *Il dialogo con il coniuge*

Quanto detto sopra sul dialogo in generale, vale in maniera specifica per gli sposi: la necessità di coltivare l'interiorità. «Quando ognuno dei coniugi non cura il proprio spirito e non esiste una varietà di relazioni con altre persone, la vita familiare diventa endogamica e il dialogo si impoverisce»[115]. Vediamo un'altra difficoltà sul dialogo, ma questa volta all'interno della coppia. «Molte volte uno dei coniugi non ha bisogno di una soluzione ai suoi problemi ma di essere ascoltato. Deve percepire che è stata colta la sua pena, la sua delusione, la sua paura, la sua ira, la sua speranza, il suo sogno. Tuttavia sono frequenti queste lamentele: "Non mi ascolta. Quando sembra che lo stia facendo, in realtà sta pensando ad un'altra cosa". "Parlo e sento che sta aspettando che finisca una buona volta". "Quando parlo tenta di cambiare argomento, o mi dà risposte rapide per chiudere la

---

[114] AL 140-141
[115] AL 141

conversazione"»[116]. Il Santo Padre, già il 26 ottobre 2013, durante il *discorso alle famiglie del mondo in occasione del loro pellegrinaggio a Roma nell'Anno della fede*, dava dei validissimi suggerimenti. Tali suggerimenti li ha ricordati anche in Amoris laetitia e noi ce li riascoltiamo per farne tesoro: «l'amore di amicizia unifica tutti gli aspetti della vita matrimoniale e aiuta i membri della famiglia ad andare avanti in tutte le sue fasi. Perciò i gesti che esprimono tale amore devono essere costantemente coltivati, senza avarizia, ricchi di parole generose. Nella famiglia "è necessario usare tre parole. Vorrei ripeterlo. Tre parole: permesso, grazie, scusa. Tre parole chiave!". "Quando in una famiglia non si è invadenti e si chiede 'permesso', quando in una famiglia non si è egoisti e si impara a dire 'grazie', e quando in una famiglia uno si accorge che ha fatto una cosa brutta e sa chiedere 'scusa', in quella famiglia c'è pace e c'è gioia". Non siamo avari nell'utilizzare queste parole, siamo generosi nel ripeterle giorno dopo giorno, perché "alcuni silenzi pesano, a volte anche in famiglia, tra marito e moglie, tra padri e figli, tra fratelli". Invece le parole adatte, dette al momento giusto, proteggono e alimentano l'amore giorno dopo giorno»[117]. Questo dialogo mira alla santità della famiglia e dei coniugi. All'interno del matrimonio, il dialogo vero, profondo, quello che è chiamato a *informare* tutta la vita coniugale è il dialogo spirituale, che ingloba in sé la storia e l'esistenza del matrimonio cristiano. Dice il Papa: «nel matrimonio si vive anche il senso di appartenere completamente a una sola persona. Gli

---

[116] AL 137
[117] AL 133

sposi assumono la sfida e l'anelito di invecchiare e consumarsi insieme e così riflettono la fedeltà di Dio. Questa ferma decisione, che segna uno stile di vita, è una "esigenza interiore del patto d'amore coniugale", perché "colui che non si decide ad amare per sempre, è difficile che possa amare sinceramente un solo giorno". Ma questo non avrebbe significato spirituale se si trattasse solo di una legge vissuta con rassegnazione. È un'appartenenza del cuore, là dove Dio solo vede (cfr. Mt 5,28). Ogni mattina quando ci si alza, si rinnova davanti a Dio questa decisione di fedeltà, accada quel che accada durante la giornata. E ciascuno, quando va a dormire, aspetta di alzarsi per continuare questa avventura, confidando nell'aiuto del Signore. Così, ogni coniuge è per l'altro segno e strumento della vicinanza del Signore, che non ci lascia soli: "Io sono con voi tutti i giorni, fino alla fine del mondo" (Mt 28,20). C'è un punto in cui l'amore della coppia raggiunge la massima liberazione e diventa uno spazio di sana autonomia: quando ognuno scopre che l'altro non è suo, ma ha un proprietario molto più importante, il suo unico Signore. Nessuno può pretendere di possedere l'intimità più personale e segreta della persona amata e solo Lui può occupare il centro della sua vita. Nello stesso tempo, il principio del realismo spirituale fa sì che il coniuge non pretenda che l'altro soddisfi completamente le sue esigenze. È necessario che il cammino spirituale di ciascuno – come indicava bene Dietrich Bonhoeffer – lo aiuti a "disilludersi" dell'altro, a smettere di attendere da quella persona ciò che è proprio soltanto dell'amore di Dio. Questo richiede una spogliazione interiore. Lo spazio esclusivo che ciascuno dei coniugi riserva al suo rapporto personale con Dio, non solo permette di sanare le ferite della convivenza, ma anche di trovare nell'amore di Dio il senso della propria esistenza. Abbiamo bisogno di invocare ogni giorno l'azione dello Spirito perché questa libertà interiore sia possibile»[118]. Questo è il dialogo dell'anima, ma potremmo anche dire: questo è l'anima del dialogo.

2. *Il dialogo con i figli*

Innanzitutto, il Papa fa notare la relazione dei figli verso i genitori: «a nessuno fa bene perdere la coscienza di essere figlio. [...] Tutti siamo figli. E questo ci riporta sempre al fatto che la vita non ce la siamo data noi ma l'abbiamo ricevuta. Il grande dono della vita è il primo regalo che abbiamo ricevuto. Per questo "il quarto comandamento chiede ai figli [...] di onorare il padre e la madre (cfr. Es 20,12). Questo comandamento viene subito dopo quelli che riguardano Dio stesso. Infatti contiene qualcosa di sacro, qualcosa di divino, qualcosa che sta alla radice di ogni altro genere di rispetto fra gli uomini. E nella formulazione biblica del quarto comandamento si aggiunge: 'perché si prolunghino i tuoi giorni nel paese che il Signore tuo Dio ti dà'. Il legame virtuoso tra le generazioni è garanzia di futuro, ed è garanzia di una storia davvero umana. Una società di figli che non onorano i genitori è una società senza onore [...]. È una società destinata a riempirsi di giovani aridi e avidi". Ma c'è anche l'altra faccia della medaglia:

---

[118] AL 319-320

"L'uomo lascerà suo padre e sua madre" (Gen 2,24), afferma la Parola di Dio. Questo a volte non si realizza, e il matrimonio non viene assunto fino in fondo perché non si è compiuta tale rinuncia e tale dedizione. I genitori non devono essere abbandonati né trascurati, tuttavia, per unirsi in matrimonio occorre lasciarli, in modo che la nuova casa sia la dimora, la protezione, la piattaforma e il progetto, e sia possibile diventare realmente "una sola carne" (ibid.). [...] Il matrimonio sfida a trovare un nuovo modo di essere figli»[119]. In secondo luogo, il documento si sofferma sul dialogo educativo, sulla relazione educativa e tale dialogo è ovviamente maggiormente a carico dei genitori. È necessaria la vigilanza da parte dei genitori: essi, innanzitutto devono entrare in un dialogo esistenziale e non solo: a cosa sono esposti i miei figli? Pertanto, chi frequentano, come si divertono, chi li guarda quando non ci siamo? La vigilanza è necessaria contro l'abbandono. «Tuttavia l'ossessione non è educativa, e non si può avere un controllo di tutte le situazioni in cui un figlio potrebbe trovarsi a passare. Qui vale il principio per cui "il tempo è superiore allo spazio". Vale a dire, si tratta di generare processi più che dominare spazi. Se un genitore è ossessionato di sapere dove si trova suo figlio e controllare tutti i suoi movimenti, cercherà solo di dominare il suo spazio. In questo modo non lo educherà, non lo rafforzerà, non lo preparerà ad affrontare le sfide. Quello che interessa principalmente è generare nel figlio, con molto amore, processi di maturazione della sua libertà, di preparazione, di crescita

---

[119] AL 188-190

integrale, di coltivazione dell'autentica autonomia. Solo così quel figlio avrà in sé stesso gli elementi di cui ha bisogno per sapersi difendere e per agire con intelligenza e accortezza in circostanze difficili. Pertanto il grande interrogativo non è dove si trova fisicamente il figlio, con chi sta in questo momento, ma dove si trova in un senso esistenziale, dove sta posizionato dal punto di vista delle sue convinzioni, dei suoi obiettivi, dei suoi desideri, del suo progetto di vita. Per questo le domande che faccio ai genitori sono: "Cerchiamo di capire 'dove' i figli veramente sono nel loro cammino? Dov'è realmente la loro anima, lo sappiamo? E soprattutto: lo vogliamo sapere?". Se la maturità fosse solo lo sviluppo di qualcosa che è già contenuto nel codice genetico, non ci sarebbe molto da fare. La prudenza, il buon giudizio e il buon senso non dipendono da fattori puramente quantitativi di crescita, ma da tutta una catena di elementi che si sintetizzano nell'interiorità della persona; per essere più precisi, al centro della sua libertà. È inevitabile che ogni figlio ci sorprenda con i progetti che scaturiscono da tale libertà, che rompa i nostri schemi, ed è bene che ciò accada. L'educazione comporta il compito di promuovere libertà responsabili, che nei punti di incrocio sappiano scegliere con buon senso e intelligenza; persone che comprendano senza riserve che la loro vita e quella della loro comunità è nelle loro mani e che questa libertà è un dono immenso»[120].

Il dialogo genitori figli deve vertere anche, è naturale, sulla

---

[120] AL 260-262

formazione etica. Fondamentale è che il figlio si sappia amato per chi è e con pazienza, saggezza e lungimiranza. «Quando un figlio non sente più di essere prezioso per i suoi genitori nonostante sia imperfetto, o non percepisce che loro nutrono una preoccupazione sincera per lui, questo crea ferite profonde che causano molte difficoltà nella sua maturazione. Questa assenza, questo abbandono affettivo, provoca un dolore più profondo di una eventuale correzione che potrebbe ricevere per una cattiva azione»[121]. Nel dialogo educativo bisogna educare la volontà[122], mostrando «alla persona fino a che punto convenga a lei stessa agire bene»[123]. E nel caso di un cattivo uso della libertà? Certo, lo sappiamo, serve la correzione, ma, attenzione: «La correzione è uno stimolo quando al tempo stesso si apprezzano e si riconoscono gli sforzi e quando il figlio scopre che i suoi genitori mantengono viva una paziente fiducia. [...] Ma una testimonianza di cui i figli hanno bisogno da parte dei genitori è che non si lascino trasportare dall'ira. Il figlio che commette una cattiva azione, deve essere corretto, ma mai come un nemico o come uno su cui si scarica la propria aggressività. Inoltre un adulto deve riconoscere che alcune azioni cattive sono legate alle fragilità e ai limiti propri dell'età. Per questo sarebbe nocivo un atteggiamento costantemente sanzionatorio, che non aiuterebbe a percepire la differente gravità delle azioni e provocherebbe scoraggiamento e irritazione: "Padri, non esasperate i vostri figli" (Ef 6,4;

---

[121] AL 263
[122] AL 264
[123] AL 265

cfr. Col 3,21)»[124]. «L'educazione morale implica chiedere [...] cose che non rappresentino [...] un sacrificio sproporzionato, esigere solo quella dose di sforzo che non provochi risentimento o azioni puramente forzate»[125]. «La famiglia è la prima scuola dei valori umani, dove si impara il buon uso della libertà. [...] Nell'ambito familiare si può anche imparare a discernere in modo critico i messaggi dei vari mezzi di comunicazione. Purtroppo, molte volte alcuni programmi televisivi o alcune forme di pubblicità incidono negativamente e indeboliscono valori ricevuti nella vita familiare»[126]. «Nell'epoca attuale, in cui regnano l'ansietà e la fretta tecnologica, compito importantissimo delle famiglie è educare alla capacità di attendere. Non si tratta di proibire ai ragazzi di giocare con i dispositivi elettronici, ma di trovare il modo di generare in loro la capacità di differenziare le diverse logiche e di non applicare la velocità digitale a ogni ambito della vita. Rimandare non è negare il desiderio, ma differire la sua soddisfazione. Quando i bambini o gli adolescenti non sono educati ad accettare che alcune cose devono aspettare, diventano prepotenti, sottomettono tutto alla soddisfazione delle proprie necessità immediate e crescono con il vizio del "tutto e subito". Questo è un grande inganno che non favorisce la libertà, ma la intossica. Invece, quando si educa ad imparare a posporre alcune cose e ad aspettare il momento adatto, si insegna che cosa significa essere padrone di sé stesso, autonomo davanti ai propri

---

[124] AL 268-269
[125] AL 271
[126] AL 274

impulsi»[127]. «La famiglia è l'ambito della socializzazione primaria»[128]. E questo perché la famiglia «contiene al proprio interno i due principi-base della civiltà umana sulla terra: il principio di comunione e il principio di fecondità»[129]. È importante che i figli, in questo dialogo etico, abbiano occasione di confrontarsi con la sofferenza, in modo da non sviluppare indifferenza, incapacità di confrontarsi con la sofferenza e con il valore del limite[130]. In un'epoca di saturazione digitale, occorre tener presente che le nuove possibilità tecnologiche «non sostituiscono né rimpiazzano la necessità del dialogo più personale e profondo che richiede il contatto fisico, o almeno, la voce dell'altra persona. [...] Non si possono ignorare i rischi delle nuove forme di comunicazione per i bambini e gli adolescenti, che a volte ne sono resi abulici, scollegati dal mondo reale. Questo "autismo tecnologico" li espone più facilmente alla manipolazione di quanti cercano di entrare nella loro intimità con interessi egoistici»[131]. In ultimo, è bene essere presenti nel dialogo con la scuola[132].

3. Il dialogo tra i fratelli

«In famiglia, tra fratelli si impara la convivenza umana»[133]. Si impara la cura reciproca, l'aiutare e l'essere aiutati, la premura, la

---

[127] AL 275
[128] AL 276
[129] AL 277
[130] AL 277
[131] AL 278
[132] AL 263, 279, 84
[133] AL 194

pazienza, l'affetto[134].

4. *Il dialogo con i nonni*

Questo è un versante del dialogo familiare forse tanto disatteso e sottovalutato quanto importante e, perciò, da valorizzare. L'anziano non è l'anello debole, come se si trattasse di una industria, ma è il sale, la saggezza. Egli racchiude in sé la ricchezza che deriva dall'esperienza di una vita vissuta ed è, quindi, capace di aiutare chi da meno tempo naviga nelle acque dell'esistenza. L'anziano custodisce, ma allo stesso tempo può introdurre a molti aspetti della vita e della storia con sapienza. Ecco perché il Santo Padre ci presenta con tanto affetto e stima gli anziani. Dice, infatti, nel documento: «"Non gettarmi via nel tempo della vecchiaia, non abbandonarmi quando declinano le mie forze" (Sal 71,9). È il grido dell'anziano, che teme l'oblio e il disprezzo. Così come Dio ci invita ad essere suoi strumenti per ascoltare la supplica dei poveri, Egli attende anche da noi che ascoltiamo il grido degli anziani. Questo interpella le famiglie e le comunità, perché "la Chiesa non può e non vuole conformarsi ad una mentalità di insofferenza, e tanto meno di indifferenza e di disprezzo, nei confronti della vecchiaia. Dobbiamo risvegliare il senso collettivo di gratitudine, di apprezzamento, di ospitalità, che facciano sentire l'anziano parte viva della sua comunità. Gli anziani sono uomini e donne, padri e madri che sono stati prima di noi sulla nostra stessa strada, nella nostra stessa casa, nella nostra quotidiana battaglia per una vita

---

[134] AL 195

degna". Perciò, "come vorrei una Chiesa che sfida la cultura dello scarto con la gioia traboccante di un nuovo abbraccio tra i giovani e gli anziani!". San Giovanni Paolo II ci ha invitato a prestare attenzione al posto dell'anziano nella famiglia, perché vi sono culture che "in seguito ad un disordinato sviluppo industriale ed urbanistico, hanno condotto e continuano a condurre gli anziani a forme inaccettabili di emarginazione". Gli anziani aiutano a percepire "la continuità delle generazioni", con "il carisma di ricucire gli strappi". Molte volte sono i nonni che assicurano la trasmissione dei grandi valori ai loro nipoti e "molte persone possono constatare che proprio ai nonni debbono la loro iniziazione alla vita cristiana". Le loro parole, le loro carezze o la loro sola presenza aiutano i bambini a riconoscere che la storia non inizia con loro, che sono eredi di un lungo cammino e che bisogna rispettare il retroterra che ci precede. Coloro che rompono i legami con la storia avranno difficoltà a tessere relazioni stabili e a riconoscere che non sono i padroni della realtà. Dunque, "l'attenzione agli anziani fa la differenza di una civiltà. In una civiltà c'è attenzione all'anziano? C'è posto per l'anziano? Questa civiltà andrà avanti se saprà rispettare la saggezza, la sapienza degli anziani". La mancanza di memoria storica è un grave difetto della nostra società. E' la mentalità immatura dell"ormai è passato'. Conoscere e poter prendere posizione di fronte agli avvenimenti passati è l'unica possibilità di costruire un futuro che abbia senso. Non si può educare senza memoria: "Richiamate alla memoria quei primi giorni" (Eb 10,32). I racconti degli anziani fanno molto bene ai bambini e ai giovani, poiché li mettono in collegamento con la storia vissuta sia della famiglia sia del quartiere e del Paese. Una famiglia che non rispetta e non ha cura dei suoi nonni, che sono la sua memoria viva, è una famiglia disintegrata; invece una famiglia che ricorda è una famiglia che ha futuro. Pertanto, "in una civiltà in cui non c'è posto per gli anziani o sono scartati perché creano problemi, questa società porta con sé il virus della morte", dal momento che "si strappa dalle proprie radici". Il fenomeno contemporaneo del sentirsi orfani, in termini di discontinuità, sradicamento e caduta delle certezze che danno forma alla vita, ci sfida a fare delle nostre famiglie un luogo in cui i bambini possano radicarsi nel terreno di una storia collettiva»[135]. Il dialogo con i nostri anziani permette una continuità senza strappi e traumi, che creano una generazione orfana, senza memoria e radici; al contempo permette la creazione di una generazione assennata, erede di valori sani, erede della vera fede, anche se trasmessa e insegnata con semplicità. Forse tanto meglio, perché nella semplicità si rivela un lungo cammino di unificazione interiore e, perciò, essa accompagna la vera saggezza. Dio ama i semplici, perché è assoluta semplicità.

5. *Il dialogo con la Chiesa*

«"Con intima gioia e profonda consolazione, la Chiesa guarda alle famiglie che restano fedeli agli insegnamenti del Vangelo, ringraziandole e incoraggiandole per la testimonianza che offrono.

---

[135] AL 191-193

Grazie ad esse, infatti, è resa credibile la bellezza del matrimonio indissolubile e fedele per sempre. Nella famiglia, 'che si potrebbe chiamare Chiesa domestica' (*Lumen gentium*, 11), matura la prima esperienza ecclesiale della comunione tra persone, in cui si riflette, per grazia, il mistero della Santa Trinità. 'È qui che si apprende la fatica e la gioia del lavoro, l'amore fraterno, il perdono generoso, sempre rinnovato, e soprattutto il culto divino attraverso la preghiera e l'offerta della propria vita' (*Catechismo della Chiesa Cattolica*, 1657)". La Chiesa è famiglia di famiglie, costantemente arricchita dalla vita di tutte le Chiese domestiche. Pertanto, "in virtù del sacramento del matrimonio ogni famiglia diventa a tutti gli effetti un bene per la Chiesa. In questa prospettiva sarà certamente un dono prezioso, per l'oggi della Chiesa, considerare anche la reciprocità tra famiglia e Chiesa: la Chiesa è un bene per la famiglia, la famiglia è un bene per la Chiesa. La custodia del dono sacramentale del Signore coinvolge non solo la singola famiglia, ma la stessa comunità cristiana". L'amore vissuto nelle famiglie è una forza permanente per la vita della Chiesa. "Il fine unitivo del matrimonio è un costante richiamo al crescere e all'approfondirsi di questo amore. Nella loro unione di amore gli sposi sperimentano la bellezza della paternità e della maternità; condividono i progetti e le fatiche, i desideri e le preoccupazioni; imparano la cura reciproca e il perdono vicendevole. In questo amore celebrano i loro momenti felici e si sostengono nei passaggi difficili della loro storia di vita [...] La bellezza del dono reciproco e gratuito, la gioia per la vita che nasce e la cura amorevole di tutti i membri, dai piccoli agli anziani, sono alcuni dei frutti che rendono unica e insostituibile la risposta alla vocazione della famiglia", tanto per la Chiesa quanto per l'intera società»[136]. Il dialogo Chiesa-famiglia è dato da uno scambio vivo, dalla testimonianza, dalla vicinanza analogica fra famiglia e Chiesa (LG, 11) e famiglia e Trinità. La famiglia in dialogo con il mondo è icona della Chiesa e icona di Dio, Comunione Trinitaria. In dialogo con la Chiesa è figlia e madre. Figlia, in quanto senza il mistero della Chiesa non esisterebbe la famiglia cristiana; madre, poiché genera nuovi uomini, che saranno battezzati. C'è una reciprocità dialogica e un grande mistero! (cfr. Ef 5,21-32).

6. *Il dialogo con la società*

La prima società che la famiglia incontra è la cosiddetta famiglia allargata. «Il piccolo nucleo familiare non dovrebbe isolarsi dalla famiglia allargata, dove ci sono i genitori, gli zii, i cugini ed anche i vicini. In tale famiglia larga ci possono essere alcuni che hanno bisogno di aiuto o almeno di compagnia e di gesti di affetto, o possono esserci grandi sofferenze che hanno bisogno di un conforto. L'individualismo di questi tempi a volte conduce a rinchiudersi nella sicurezza di un piccolo nido e a percepire gli altri come un pericolo molesto. Tuttavia, tale isolamento non offre più pace e felicità, ma chiude il cuore della famiglia e la priva dell'orizzonte ampio dell'esistenza»[137]. Mentre, «sotto l'impulso dello Spirito, il nucleo familiare non solo accoglie la vita

---

[136] AL 86-88
[137] AL 187

generandola nel proprio seno, ma si apre, esce da sé per riversare il proprio bene sugli altri, per prendersene cura e cercare la loro felicità. Questa apertura si esprime particolarmente nell'ospitalità, incoraggiata dalla Parola di Dio in modo suggestivo: «Non dimenticate l'ospitalità; alcuni, praticandola, senza saperlo hanno accolto degli angeli» (Eb 13,2). Quando la famiglia accoglie, e va incontro agli altri, specialmente ai poveri e agli abbandonati, è «simbolo, testimonianza, partecipazione della maternità della Chiesa». L'amore sociale, riflesso della Trinità, è in realtà ciò che unifica il senso spirituale della famiglia e la sua missione all'esterno di sé stessa, perché rende presente il *Kerygma* con tutte le sue esigenze comunitarie. La famiglia vive la sua spiritualità peculiare essendo, nello stesso tempo, una Chiesa domestica e una cellula vitale per trasformare il mondo»[138].

7. *Il dialogo con Dio*

Leggiamo le parole di Papa Francesco: «Abbiamo sempre parlato della inabitazione di Dio nel cuore della persona che vive nella sua grazia. Oggi possiamo dire anche che la Trinità è presente nel tempio della comunione matrimoniale. Così come abita nelle lodi del suo popolo (cfr. Sal 22,4), vive intimamente nell'amore coniugale che le dà gloria»[139]. «La presenza del Signore abita nella famiglia reale e concreta, con tutte le sue sofferenze, lotte, gioie e i suoi propositi quotidiani»[140]. «Una comunione familiare vissuta

---

[138] AL 324
[139] AL 314
[140] AL 315

bene è un vero cammino di santificazione nella vita ordinaria e di crescita mistica, un mezzo per l'unione intima con Dio. Infatti i bisogni fraterni e comunitari della vita familiare sono un'occasione per aprire sempre più il cuore, e questo rende possibile un incontro con il Signore sempre più pieno. La Parola di Dio dice che "chi odia il suo fratello cammina nelle tenebre" (1 Gv 2,11), "rimane nella morte" (1 Gv 3,14) e "non ha conosciuto Dio" (1 Gv 4,8). Il mio predecessore Benedetto XVI ha detto che "chiudere gli occhi di fronte al prossimo rende ciechi anche di fronte a Dio", e che l'amore è in fondo l'unica luce che "rischiara sempre di nuovo un mondo buio". Solo "se ci amiamo gli uni gli altri, Dio rimane in noi e l'amore di lui è perfetto in noi" (1 Gv 4,12). Dato che "la persona umana ha una nativa e strutturale dimensione sociale" e "la prima e originaria espressione della dimensione sociale della persona è la coppia e la famiglia", la spiritualità si incarna nella comunione familiare. Pertanto, coloro che hanno desideri spirituali profondi non devono sentire che la famiglia li allontana dalla crescita nella vita dello Spirito, ma che è un percorso che il Signore utilizza per portarli ai vertici dell'unione mistica»[141]. «Se la famiglia riesce a concentrarsi in Cristo, Egli unifica e illumina tutta la vita familiare. I dolori e i problemi si sperimentano in comunione con la Croce del Signore, e l'abbraccio con Lui permette di sopportare i momenti peggiori. Nei giorni amari della famiglia c'è una unione con Gesù abbandonato che può evitare una rottura. Le famiglie raggiungono a poco a poco, "con la

---

[141] AL 316

grazia dello Spirito Santo, la loro santità attraverso la vita matrimoniale, anche partecipando al mistero della croce di Cristo, che trasforma le difficoltà e le sofferenze in offerta d'amore". D'altra parte, i momenti di gioia, il riposo o la festa, e anche la sessualità, si sperimentano come una partecipazione alla vita piena della sua Risurrezione. I coniugi danno forma con vari gesti quotidiani a questo "spazio teologale in cui si può sperimentare la presenza mistica del Signore risorto"»[142]. «La preghiera in famiglia è un mezzo privilegiato per esprimere e rafforzare questa fede pasquale. Si possono trovare alcuni minuti ogni giorno per stare uniti davanti al Signore vivo, dirgli le cose che preoccupano, pregare per i bisogni famigliari, pregare per qualcuno che sta passando un momento difficile, chiedergli aiuto per amare, rendergli grazie per la vita e le cose buone, chiedere alla Vergine di proteggerci con il suo manto di madre. Con parole semplici, questo momento di preghiera può fare tantissimo bene alla famiglia. Le diverse espressioni della pietà popolare sono un tesoro di spiritualità per molte famiglie. Il cammino comunitario di preghiera raggiunge il suo culmine nella partecipazione comune all'Eucaristia, soprattutto nel contesto del riposo domenicale. Gesù bussa alla porta della famiglia per condividere con essa la Cena eucaristica (cfr. Ap 3,20). Là, gli sposi possono sempre sigillare l'alleanza pasquale che li ha uniti e che riflette l'Alleanza che Dio ha sigillato con l'umanità sulla Croce. L'Eucaristia è il sacramento della Nuova Alleanza in cui si attualizza l'azione

---

[142] AL 317

redentrice di Cristo (cfr. Lc 22,20). Così si notano i legami profondi che esistono tra la vita coniugale e l'Eucaristia. Il nutrimento dell'Eucaristia è forza e stimolo per vivere ogni giorno l'alleanza matrimoniale come "Chiesa domestica"»[143]. «Ogni coniuge è per l'altro segno e strumento della vicinanza del Signore, che non ci lascia soli: "Io sono con voi tutti i giorni, fino alla fine del mondo" (Mt 28,20)»[144]. «"I coniugi cristiani sono cooperatori della grazia e testimoni della fede l'uno per l'altro, nei confronti dei figli e di tutti gli altri familiari". Dio li invita a generare e a prendersi cura. Ecco perché la famiglia "è sempre stata il più vicino 'ospedale'". Prendiamoci cura, sosteniamoci e stimoliamoci vicendevolmente, e viviamo tutto ciò come parte della nostra spiritualità familiare. La vita di coppia è una partecipazione alla feconda opera di Dio, e ciascuno è per l'altro una permanente provocazione dello Spirito. L'amore di Dio si esprime "attraverso le parole vive e concrete con cui l'uomo e la donna si dicono il loro amore coniugale". Così i due sono tra loro riflessi dell'amore divino che conforta con la parola, lo sguardo, l'aiuto, la carezza, l'abbraccio. Pertanto, "voler formare una famiglia è avere il coraggio di far parte del sogno di Dio, il coraggio di sognare con Lui, il coraggio di costruire con Lui, il coraggio di giocarci con Lui questa storia, di costruire un mondo dove nessuno si senta solo"»[145]. «E' una profonda esperienza spirituale contemplare ogni persona cara con gli occhi di Dio e riconoscere Cristo in lei. Questo

---

[143] AL 318
[144] AL 319
[145] AL 321

richiede una disponibilità gratuita che permetta di apprezzare la sua dignità. Si può essere pienamente presenti davanti all'altro se ci si dona senza un perché, dimenticando tutto quello che c'è intorno. Così la persona amata merita tutta l'attenzione. Gesù era un modello, perché quando qualcuno si avvicinava a parlare con Lui, fissava lo sguardo, guardava con amore (cfr. Mc 10,21). Nessuno si sentiva trascurato in sua presenza, poiché le sue parole e i suoi gesti erano espressione di questa domanda: "Che cosa vuoi che io faccia per te?" (Mc 10,51). Questo si vive nella vita quotidiana della famiglia. In essa ricordiamo che la persona che vive con noi merita tutto, perché ha una dignità infinita, essendo oggetto dell'immenso amore del Padre. Così fiorisce la tenerezza, in grado di "suscitare nell'altro la gioia di sentirsi amato. Essa si esprime in particolare nel volgersi con attenzione squisita ai limiti dell'altro, specialmente quando emergono in maniera evidente"»[146]. «Le parole del Maestro (cfr. Mt 22,30) e quelle di san Paolo (cfr. 1 Cor 7,29-31) sul matrimonio, sono inserite – non casualmente – nella dimensione ultima e definitiva della nostra esistenza, che abbiamo bisogno di recuperare. In tal modo gli sposi potranno riconoscere il senso del cammino che stanno percorrendo. Infatti, come abbiamo ricordato più volte in questa Esortazione, nessuna famiglia è una realtà perfetta e confezionata una volta per sempre, ma richiede un graduale sviluppo della propria capacità di amare. C'è una chiamata costante che proviene dalla comunione piena della Trinità, dall'unione stupenda tra

---

[146] AL 323

Cristo e la sua Chiesa, da quella bella comunità che è la famiglia di Nazareth e dalla fraternità senza macchia che esiste tra i santi del cielo. E tuttavia, contemplare la pienezza che non abbiamo ancora raggiunto ci permette anche di relativizzare il cammino storico che stiamo facendo come famiglie, per smettere di pretendere dalle relazioni interpersonali una perfezione, una purezza di intenzioni e una coerenza che potremo trovare solo nel Regno definitivo. Inoltre ci impedisce di giudicare con durezza coloro che vivono in condizioni di grande fragilità. Tutti siamo chiamati a tenere viva la tensione verso qualcosa che va oltre noi stessi e i nostri limiti, e ogni famiglia deve vivere in questo stimolo costante. Camminiamo, famiglie, continuiamo a camminare! Quello che ci viene promesso è sempre di più. Non perdiamo la speranza a causa dei nostri limiti, ma neppure rinunciamo a cercare la pienezza di amore e di comunione che ci è stata promessa»[147].

Si parla di un dialogo sotto diversi aspetti: nella propria anima; nel sacramento e grazie ad esso, che unisce gli sposi e li abilita a collaborare con Dio nella creazione di una nuova persona, ma anche di una nuova personalità; nel dialogo con il coniuge e con gli altri familiari, che siamo chiamati a cogliere misticamente e a servire realmente come "un altro Cristo"; nella celebrazione dei sacramenti; nella tensione escatologica verso il Regno. Un dialogo semplice e complesso da coltivare nella vita quotidiana, che è il luogo, il cammino in cui Dio desidera renderci santi, cioè somiglianti a Lui, partecipi della sua vita. "Camminiamo, famiglie,

---

[147] AL 325

continuiamo a camminare!", perché il vero dialogo con Dio nella storia consiste proprio in questo: camminare.

4 - L'educazione sessuale

Per introduci a questo fondamentale argomento, leggiamo i numeri 84-85 di *Amoris laetitia*: «84. I Padri hanno voluto sottolineare anche che "una delle sfide fondamentali di fronte a cui si trovano le famiglie oggi è sicuramente quella educativa, resa più impegnativa e complessa dalla realtà culturale attuale e della grande influenza dei media". "La Chiesa svolge un ruolo prezioso di sostegno alle famiglie, partendo dall'iniziazione cristiana, attraverso comunità accoglienti". Tuttavia mi sembra molto importante ricordare che l'educazione integrale dei figli è "dovere gravissimo" e allo stesso tempo "diritto primario" dei genitori. Non si tratta solamente di un'incombenza o di un peso, ma anche di un diritto essenziale e insostituibile che sono chiamati a difendere e che nessuno dovrebbe pretendere di togliere loro. Lo Stato offre un servizio educativo in maniera sussidiaria, accompagnando la funzione non delegabile dei genitori, che hanno il diritto di poter scegliere con libertà il tipo di educazione – accessibile e di qualità – che intendono dare ai figli secondo le proprie convinzioni. La scuola non sostituisce i genitori bensì è ad essi complementare. Questo è un principio basilare: "Qualsiasi altro collaboratore nel processo educativo deve agire in nome dei genitori, con il loro consenso e, in una certa misura, anche su loro incarico". Tuttavia "si è aperta una frattura tra famiglia e società, tra famiglia e scuola, il patto educativo oggi si è rotto; e così, l'alleanza educativa della società con la famiglia è entrata in crisi". 85. La Chiesa è chiamata a collaborare, con un'azione pastorale adeguata, affinché gli stessi genitori possano adempiere la loro missione educativa. Deve farlo aiutandoli sempre a valorizzare il loro ruolo specifico, e a riconoscere che coloro che hanno ricevuto il sacramento del matrimonio diventano veri ministri educativi, perché nel formare i loro figli edificano la Chiesa, e nel farlo accettano una vocazione che Dio propone loro»[148].

L'educazione sessuale deve essere offerta nel quadro dell'educazione all'amore responsabile, alla reciproca donazione. Leggiamo, infatti: «è difficile pensare l'educazione sessuale in un'epoca in cui si tende a banalizzare e impoverire la sessualità. Si potrebbe intenderla solo nel quadro di un'educazione all'amore, alla reciproca donazione. In tal modo il linguaggio della sessualità non si vede tristemente impoverito, ma illuminato»[149]. «Questo richiede un cammino pedagogico, un processo che comporta delle rinunce. È una convinzione della Chiesa che molte volte è stata rifiutata, come se fosse nemica della felicità umana. Benedetto XVI ha raccolto questo interrogativo con grande chiarezza: "La Chiesa con i suoi comandamenti e divieti non ci rende forse amara la cosa più bella della vita? Non innalza forse cartelli di divieto proprio là dove la gioia, predisposta per noi dal Creatore, ci offre una felicità che ci fa pregustare qualcosa del Divino?". Ma egli rispondeva che, seppure non sono mancati nel cristianesimo esagerazioni o ascetismi deviati, l'insegnamento ufficiale della Chiesa, fedele alle Scritture, non ha rifiutato "l'eros come tale, ma ha dichiarato

---

[148] AL 84-85
[149] AL 280

guerra al suo stravolgimento distruttore, poiché la falsa divinizzazione dell'eros [...] lo priva della sua dignità, lo disumanizza"»[150]. È vitale capire che la Chiesa ha una visione che sottolinea la bontà della sessualità. «Dio stesso ha creato la sessualità, che è un regalo meraviglioso per le sue creature. Quando la si coltiva e si evita che manchi di controllo, è per impedire che si verifichi "l'impoverimento di un valore autentico"»[151].

Tappe fondamentali del processo formativo sono la conoscenza di sé, dei propri impulsi e l'avvio verso il dominio di sé[152]. Un complesso, reale, vivo, autentico lavoro in questa direzione aiuta «a far emergere capacità preziose di gioia e di incontro amoroso»[153].

Con saggezza pedagogica, dobbiamo considerare che l'informazione sessuale «deve arrivare nel momento appropriato e in un modo adatto»[154] alle varie fasi della vita. È necessario favorire «lo sviluppo di un senso critico davanti a una invasione di proposte, davanti alla pornografia senza controllo e al sovraccarico di stimoli che possono mutilare la sessualità»[155]. Bisogna evitare una deformazione o una perversione della dimensione sessuale.

Molto importante, quanto sottovalutata, è l'educazione al pudore. Infatti: «un'educazione sessuale che custodisca un sano pudore ha

---

[150] AL 147
[151] AL 150
[152] AL 280, 148
[153] AL 280
[154] AL 281
[155] Ivi

un valore immenso, anche se oggi alcuni ritengono che sia una cosa di altri tempi. È una difesa naturale della persona che protegge la propria interiorità ed evita di trasformarsi in un puro oggetto. Senza il pudore, possiamo ridurre l'affetto e la sessualità a ossessioni che ci concentrano solo sulla genitalità, su morbosità che deformano la nostra capacità di amare e su diverse forme di violenza sessuale che ci portano ad essere trattati in modo inumano o a danneggiare gli altri»[156].

Al discorso sul pudore, si collega l'antitetica istruzione sul "sesso sicuro". «Frequentemente l'educazione sessuale si concentra sull'invito a "proteggersi", cercando un "sesso sicuro". Queste espressioni trasmettono un atteggiamento negativo verso la naturale finalità procreativa della sessualità, come se un eventuale figlio fosse un nemico dal quale doversi proteggere. Così si promuove l'aggressività narcisistica invece dell'accoglienza. È irresponsabile ogni invito agli adolescenti a giocare con i loro corpi e i loro desideri, come se avessero la maturità, i valori, l'impegno reciproco e gli obiettivi propri del matrimonio. Così li si incoraggia allegramente ad utilizzare l'altra persona come oggetto di esperienze per compensare carenze e grandi limiti»[157]. A questo punto, più di qualcuno, forse molti, potranno risentirsi e avvertire queste parole come offensive. Questo dispiace, sinceramente, ma essi non hanno ragione di dispiacersi se umilmente accettano di essere guidati ad una più piena comprensione dell'amore. Qualcuno potrebbe dire: "Io sarei un irresponsabile?", qualcun

---

[156] AL 282
[157] AL 283

altro potrebbe pensare che questo discorso sia pura follia. Posporre l'amore al piacere, ci rende schiavi della dittatura dell'"io e delle sue voglie", secondo una visione puramente immanentistica della realtà. Vale a dire ci comporteremmo come se Dio non esistesse. Questo significa, anche, se rivolgiamo uno sguardo sincero alla nostra realtà, che, alla fin fine, per quanti discorsi romantici possiamo fare agli altri e a noi stessi, l'altra persona è anch'essa sottomessa alle mie voglie. Per concludere il discorso, anch'io, se vivo questa dinamica, sono sottomesso al piacere. Ora, è chiaro che la denuncia di una tale situazione di pericolo per la fede, tiene comunque conto delle difficoltà e debolezze, in cui ogni uomo può incorrere.

«E' importante invece insegnare un percorso sulle diverse espressioni dell'amore, sulla cura reciproca, sulla tenerezza rispettosa, sulla comunicazione ricca di senso. Tutto questo, infatti, prepara ad un dono di sé integro e generoso che si esprimerà, dopo un impegno pubblico, nell'offerta dei corpi. L'unione sessuale nel matrimonio apparirà così come segno di un impegno totalizzante, arricchito da tutto il cammino precedente»[158].

Ecco perché «non bisogna ingannare i giovani portandoli a confondere i piani: l'attrazione "crea, sul momento, un'illusione di unione, eppure senza amore questa 'unione' lascia due esseri estranei e divisi come prima". Il linguaggio del corpo richiede il paziente apprendistato che permette di interpretare ed educare i

---

[158] Ivi

propri desideri per donarsi veramente. Quando si pretende di donare tutto in un colpo è possibile che non si doni nulla. Una cosa è comprendere le fragilità dell'età o le sue confusioni, altra cosa è incoraggiare gli adolescenti a prolungare l'immaturità del loro modo di amare»[159].

Qui, si parla di un inganno, che consiste nel confondere i piani: attrazione per donazione. Si parla, però, anche della verità, che porta in sé il corpo con il suo linguaggio. Imparare questa grande e feconda verità, comporta un paziente apprendistato, in vista di interpretare ed educare i propri desideri e per donarsi nella verità, appunto. L'apprendistato paziente coinvolge la persona ad un livello multidisciplinare. Esso richiede un cammino di fede, il coraggio di raccogliere la sfida del combattimento con le passioni, lo studio, un sostegno amorevole. Si tratta, quindi, di un apprendere sul campo. È un lavoro che coinvolge tutta la persona e la sua realtà.

«Ma chi parla oggi di queste cose? Chi è capace di prendere sul serio i giovani? Chi li aiuta a prepararsi seriamente per un amore grande e generoso? Si prende troppo alla leggera l'educazione sessuale»[160].

Altri aspetti che confluiscono nell'educazione sessuale sono il rispetto, la stima della differenza, l'accettazione del proprio corpo, il vivere una reciprocità incarnata nelle condizioni reali del matrimonio.

Leggiamo in *Amoris laetitia*: «l'educazione sessuale dovrebbe

---

[159] AL 284
[160] Ivi

comprendere anche il rispetto e la stima della differenza, che mostra a ciascuno la possibilità di superare la chiusura nei propri limiti per aprirsi all'accettazione dell'altro. Al di là delle comprensibili difficoltà che ognuno possa vivere, occorre aiutare ad accettare il proprio corpo così come è stato creato, perché "una logica di dominio sul proprio corpo si trasforma in una logica a volte sottile di dominio sul creato [...] Anche apprezzare il proprio corpo nella sua femminilità o mascolinità è necessario per poter riconoscere se stessi nell'incontro con l'altro diverso da sé. In tal modo è possibile accettare con gioia il dono specifico dell'altro o dell'altra, opera di Dio creatore, e arricchirsi reciprocamente". Solo abbandonando la paura verso la differenza si può giungere a liberarsi dall'immanenza del proprio essere e dal fascino per sé stessi. L'educazione sessuale deve aiutare ad accettare il proprio corpo, in modo che la persona non pretenda di "cancellare la differenza sessuale perché non sa più confrontarsi con essa"»[161].

Nell'educazione sessuale, intesa all'interno dell'educazione all'amore, è necessario parlare di verginità, di matrimonio[162] e della complementarietà dei due stati[163].

In conclusione, tocchiamo ancora due punti.

---

[161] AL 285

[162] AL 158-162

[163] AL 159: «san Giovanni Paolo II ha affermato che i testi biblici "non forniscono motivo per sostenere né l'"inferiorità' del matrimonio, né la 'superiorità' della verginità o del celibato" a motivo dell'astinenza sessuale. Più che parlare della superiorità della verginità sotto ogni profilo, sembra appropriato mostrare che i diversi stati di vita sono complementari, in modo tale che uno può essere più perfetto per qualche aspetto e l'altro può esserlo da un altro punto di vista»

Il primo: «l'Enciclica *Humanae vitae* e l'Esortazione apostolica *Familiaris consortio* devono essere riscoperte»[164]. «Va riscoperto il messaggio dell'Enciclica *Humanae vitae* di Paolo VI»[165]. Leggiamo ancora in *"Familiaris consortio"*: «rientra nella pedagogia della Chiesa che i coniugi anzitutto riconoscano chiaramente la dottrina della *Humanae vitae* come normativa per l'esercizio della loro sessualità, e sinceramente si impegnino a porre le condizioni necessarie per osservare questa norma»[166]. Non bisogna, tuttavia, intendere queste direttive come un aumentare i pesi da portare e un moltiplicare le leggi da osservare, ma più propriamente, come un proporre valori, i valori giusti.

Il secondo punto riguarda l'*ideologia del gender*[167]. Dice il Papa nell'Esortazione: «un'altra sfida emerge da varie forme di un'ideologia, genericamente chiamata *gender*, che "nega la differenza e la reciprocità naturale di uomo e donna. Essa prospetta una società senza differenze di sesso, e svuota la base antropologica della famiglia. Questa ideologia induce progetti educativi e orientamenti legislativi che promuovono un'identità personale e un'intimità affettiva radicalmente svincolate dalla diversità biologica fra maschio e femmina. L'identità umana viene consegnata ad un'opzione individualistica, anche mutevole nel tempo". E' inquietante che alcune ideologie di questo tipo, che

---

[164] AL 222
[165] AL 82
[166] FC 34
[167] Molto importante è il documento realizzato dalla Congregazione per l'Educazione Cattolica, "Maschio e femmina li creò". Per una via di dialogo sulla questione del gender nell'educazione, LEV, 2019

pretendono di rispondere a certe aspirazioni a volte comprensibili, cerchino di imporsi come un pensiero unico che determini anche l'educazione dei bambini. Non si deve ignorare che "sesso biologico (*sex*) e ruolo sociale-culturale del sesso (*gender*), si possono distinguere, ma non separare". D'altra parte, "la rivoluzione biotecnologica nel campo della procreazione umana ha introdotto la possibilità di manipolare l'atto generativo, rendendolo indipendente dalla relazione sessuale tra uomo e donna. In questo modo, la vita umana e la genitorialità sono divenute realtà componibili e scomponibili, soggette prevalentemente ai desideri di singoli o di coppie". Una cosa è comprendere la fragilità umana o la complessità della vita, altra cosa è accettare ideologie che pretendono di dividere in due gli aspetti inseparabili della realtà. Non cadiamo nel peccato di pretendere di sostituirci al Creatore. Siamo creature, non siamo onnipotenti. Il creato ci precede e dev'essere ricevuto come dono. Al tempo stesso, siamo chiamati a custodire la nostra umanità, e ciò significa anzitutto accettarla e rispettarla come è stata creata»[168].

Ascoltiamo come il Santo Padre mette in guardia da questo pericolo, con parole forse più dirette. Citiamo un estratto dal libro intervista "San Giovanni Paolo Magno". *«In ogni epoca storica il male si è manifestato in diverse maniere. Secondo Lei, in questo momento storico qual è la modalità più specifica attraverso cui il male si fa presente e agisce? Una di queste è la teoria del Gender.*

---

[168] AL 56

Voglio però subito precisare che dicendo questo non mi sto riferendo a coloro che hanno un orientamento omosessuale. Il *Catechismo della Chiesa Cattolica* ci invita anzi ad accompagnare e a prenderci cura pastorale di questi fratelli e di queste sorelle. Il mio riferimento è più ampio e riguarda una pericolosa radice culturale. Essa si propone implicitamente di voler distruggere alla radice quel progetto creaturale che Dio ha voluto per ciascuno di noi: la diversità, la distinzione. Far diventare tutto omogeneo, neutrale. È l'attacco alla differenza, alla creatività di Dio, all'uomo e la donna. Se io dico in maniera chiara questa cosa, non è per discriminare qualcuno, ma semplicemente per mettere in guardia tutti dalla tentazione di cadere in quello che è stato il progetto folle degli abitanti di Babele: annullare le diversità per cercare in questo annullamento un'unica lingua, un'unica forma, un unico popolo. Questa apparente uniformità li ha portati all'autodistruzione perché è un progetto ideologico che non tiene conto della realtà, della vera diversità delle persone, dell'unicità di ognuno, della differenza di ognuno. Non è l'annullamento della differenza che ci renderà più vicini, ma è l'accoglienza dell'altro nella sua differenza, nella scoperta della ricchezza nella differenza. È la fecondità presente nella differenza che fa di noi degli esseri umani a immagine e somiglianza di Dio, ma soprattutto capaci di accogliere l'altro per ciò che è e non per ciò in cui lo vogliamo trasformare. Il cristianesimo ha sempre dato priorità al fatto più che alle idee. Nel Gender si vede come un'idea vuole imporsi sulla realtà e questo in maniera subdola. Vuole minare alle basi l'umanità in tutti gli ambiti e in tutte le declinazioni educative possibili, e sta diventando un'imposizione culturale che più che nascere dal basso è imposta dall'alto da alcuni Stati stessi come unica strada culturale possibile a cui adeguarsi»[169].

[169] Papa Francesco con Luigi Maria Epicoco, San Giovanni Paolo Magno, ed. San Paolo, 2020, pp. 103-105

5 - L'educazione alla fede

L'educazione dei figli deve essere caratterizzata da un percorso di trasmissione della fede. È fondamentale che in famiglia si insegnino le ragioni e la bellezza della fede, della preghiera, del servizio. Ora, all'interno della famiglia il primo strumento di Dio per la semina, lo sviluppo, la maturazione della fede sono i genitori. Ovviamente, per trasmettere la fede, i genitori devono averla. Infatti, non si può dare ciò che non si ha, non si può insegnare a vivere ciò che non si vive. Per tale motivo, è necessario che i genitori vivano autenticamente la fede quale dono di Dio ricevuto nel Battesimo. «La trasmissione della fede presuppone che i genitori vivano l'esperienza reale di avere fiducia in Dio, di cercarlo, di averne bisogno, perché solo in questo modo "una generazione narra all'altra le tue opere, annuncia le tue imprese" (Sal 144,4) e "il padre farà conoscere ai figli la tua fedeltà" (Is 38,19)»[170].

L'educazione alla fede ha bisogno di una pedagogia e deve sapersi adattare. «I bambini hanno bisogno di simboli, di gesti, di racconti. Gli adolescenti solitamente entrano in crisi con l'autorità e con le norme, per cui conviene stimolare le loro personali esperienze di fede e offrire loro testimonianze luminose che si impongano per la loro stessa bellezza»[171]. In riferimento a quanto detto finora, è bene considerare un principio importante: «l'esperienza spirituale non si impone ma si propone alla loro

---

[170] AL 287
[171] AL 288

libertà»[172]. Un breve inciso: bisogna saper proporre, essere persuasivi, ma, al contempo, mostrare una certa fermezza. Poi, il figlio sceglierà, crescendo e, magari, aderirà con forza e con libera scelta personale, anche mostrando una certa autonomia nella propria fede. Ma quand'anche rifiutasse la fede, i genitori sarebbero liberi di fronte a Dio, di fronte alle loro coscienze e nei confronti della coscienza del figlio. Liberi, chiaro, non indifferenti. Perciò, in questo caso, sarebbero chiamati a seguire il figlio con amore e lasciare che le loro preghiere e la loro testimonianza di vita facciano breccia, possibilmente, nel suo spirito. Proprio nella trasmissione della fede è fondamentale che i figli vedano nei genitori una autentica testimonianza di preghiera. Per cui, è bene che si trovino dei momenti di preghiera in famiglia, espressi anche mediante pratiche devote, attraverso forme di espressione della pietà popolare. La preghiera, bisogna riconoscerlo, ha una grande forza evangelizzatrice.

L'esercizio di trasmettere la fede ai figli permette alla famiglia di diventare evangelizzatrice, anche al di fuori dello stesso ambito familiare. Se a qualcuno dovesse sembrare di non evangelizzare, si dovrebbe chiedere se sta trasmettendo, anche in maniera attiva, la fede ai figli che Dio gli ha affidato, se sta obbedendo a questo ministero in famiglia. Questo dubbio potrebbe essere anche il trampolino per iniziare una nuova scoperta della fede, da parte degli adulti della famiglia. Nell'educazione alla fede, è importante insegnare uno stile di relazione con il mondo: vicinanza e

---

[172] Ivi

amichevolezza. Ma senza rinunciare alla propria fede e alle proprie convinzioni[173]. «La famiglia si costituisce così come soggetto dell'azione pastorale attraverso l'annuncio esplicito del Vangelo e l'eredità di molteplici forme di testimonianza»[174] nella giustizia e nella carità.

A questo proposito, leggiamo in *Lumen fidei*: «la fede, inoltre, nel rivelarci l'amore di Dio Creatore, ci fa rispettare maggiormente la natura, facendoci riconoscere in essa una grammatica da Lui scritta e una dimora a noi affidata perché sia coltivata e custodita; ci aiuta a trovare modelli di sviluppo che non si basino solo sull'utilità e sul profitto, ma che considerino il creato come dono, di cui tutti siamo debitori; ci insegna a individuare forme giuste di governo, riconoscendo che l'autorità viene da Dio per essere al servizio del bene comune. La fede afferma anche la possibilità del perdono, che necessita molte volte di tempo, di fatica, di pazienza e di impegno; perdono possibile se si scopre che il bene è sempre più originario e più forte del male, che la parola con cui Dio afferma la nostra vita è più profonda di tutte le nostre negazioni. Anche da un punto di vista semplicemente antropologico, d'altronde, l'unità è superiore al conflitto; dobbiamo farci carico anche del conflitto, ma il viverlo deve portarci a risolverlo, a superarlo, trasformandolo in un anello di una catena, in uno sviluppo verso l'unità. Quando la fede viene meno, c'è il rischio che anche i fondamenti del vivere vengano meno, come ammoniva il poeta T. S. Eliot: "Avete forse bisogno che vi si dica che perfino

---

[173] AL 289
[174] AL 290

quei modesti successi / che vi permettono di essere fieri di una società educata / difficilmente sopravviveranno alla fede a cui devono il loro significato?". Se togliamo la fede in Dio dalle nostre città, si affievolirà la fiducia tra di noi, ci terremmo uniti soltanto per paura, e la stabilità sarebbe minacciata. La Lettera agli Ebrei afferma: "Dio non si vergogna di essere chiamato loro Dio. Ha preparato infatti per loro una città" (Eb 11,16). L'espressione 'non vergognarsi' è associata a un riconoscimento pubblico. Si vuol dire che Dio confessa pubblicamente, con il suo agire concreto, la sua presenza tra noi, il suo desiderio di rendere saldi i rapporti tra gli uomini. Saremo forse noi a vergognarci di chiamare Dio il nostro Dio? Saremo noi a non confessarlo come tale nella nostra vita pubblica, a non proporre la grandezza della vita comune che Egli rende possibile? La fede illumina il vivere sociale; essa possiede una luce creativa per ogni momento nuovo della storia, perché colloca tutti gli eventi in rapporto con l'origine e il destino di tutto nel Padre che ci ama»[175]. E, ancora, Papa Francesco scrive in Amoris laetitia: «con la testimonianza, e anche con la parola, le famiglie parlano di Gesù agli altri, trasmettono la fede, risvegliano il desiderio di Dio, e mostrano la bellezza del Vangelo e dello stile di vita che ci propone. Così i coniugi cristiani dipingono il grigio dello spazio pubblico riempiendolo con i colori della fraternità, della sensibilità sociale, della difesa delle persone fragili, della fede luminosa, della speranza attiva. La loro fecondità si allarga e si traduce in mille modi di rendere presente l'amore di Dio nella

---

[175] LF 55

società»[176].

---

[176] AL 184

6 - La fede come apertura alla vita

Figlio, trattati bene [...].

Non privarti di un giorno felice

Sir 14,11.14[177]

Leggiamo in *Amoris laetitia* che è di vitale importanza che i genitori comprendano che «non siamo padroni del dono [della fede] ma suoi amministratori premurosi. Tuttavia il nostro impegno creativo è un contributo che ci permette di collaborare con l'iniziativa di Dio».[178]

Risaltano due termini: padroni e amministratori. Risalta, altresì, un'espressione: collaborare con l'iniziativa di Dio. La collaborazione riguarda il dono della fede.

È interessantissimo accostare questo breve testo ad un altro testo che ha a che fare con la famiglia.

Nell'Enciclica *Humanae vitae* leggiamo: «chi ben riflette dovrà anche riconoscere che un atto di amore reciproco, che pregiudichi la disponibilità a trasmettere la vita che Dio creatore, secondo particolari leggi vi ha immesso, è in contraddizione con il disegno costitutivo del coniugio e con il volere dell'Autore della vita. Usando di questo dono divino [dell'atto coniugale aperto alla vita] distruggendo, anche soltanto parzialmente, il suo significato e la sua finalità è contraddire alla natura dell'uomo come a quella della

---

[177] Citato in AL 149
[178] AL 287

donna e del loro più intimo rapporto, e perciò è contraddire anche al piano di Dio e alla sua volontà. Usufruire invece del dono dell'amore coniugale rispettando le leggi del processo generativo significa riconoscersi non arbitri delle sorgenti della vita umana, ma piuttosto ministri del disegno stabilito dal Creatore. Infatti, come sul suo corpo in generale l'uomo non ha un dominio illimitato, così non lo ha, sulle sue facoltà generative in quanto tali, a motivo della loro ordinazione intrinseca a suscitare la vita di cui Dio è principio. "La vita umana è sacra", ricordava Giovanni XXIII; "fin dal suo affiorare impegna direttamente l'azione creatrice di Dio"»[179].

Anche qui risaltano due termini: arbitri e ministri. Potremmo, anche qui, accostando alcune espressioni, risaltare una frase a mo' di sintesi: essere disponibili a trasmette la vita, di cui Dio creatore è principio, ovvero, collaborare con l'iniziativa di Dio nella trasmissione della vita. La collaborazione riguarda, pertanto, il dono della trasmissione della vita, grazie al dono dell'amore coniugale e all'interno di esso. Risalta, infine, la consapevolezza che l'uomo non ha un dominio illimitato. Interessante notare anche il titolo del paragrafo nell'Enciclica: fedeltà al disegno di Dio.

A questo punto, può venirci in aiuto la prima Enciclica di Papa Francesco sulla fede. In essa insegna: «assimilata e approfondita in famiglia, la fede diventa luce per illuminare tutti i rapporti sociali. Come esperienza della paternità di Dio e della misericordia

---

[179] HV 13

di Dio, si dilata poi in un cammino fraterno»[180]. Ecco perché bisogna «tornare alla vera radice della fraternità. La storia di fede, fin dal suo inizio, è stata una storia di fraternità, anche se non priva di conflitti. [...] Nel procedere della storia della salvezza, l'uomo scopre che Dio vuol far partecipare tutti, come fratelli, all'unica benedizione, che trova la sua pienezza in Gesù, affinché tutti diventino uno. L'amore inesauribile del Padre ci viene comunicato, in Gesù, anche attraverso la presenza del fratello. La fede ci insegna a vedere che in ogni uomo c'è una benedizione per me. [...] Grazie alla fede abbiamo capito la dignità unica della singola persona, che non era così evidente nel mondo antico. [...] Al centro della fede biblica, c'è l'amore di Dio, la sua cura concreta per ogni persona, il suo disegno di salvezza che abbraccia tutta l'umanità e l'intera creazione e che raggiunge il vertice nell'Incarnazione, Morte e Resurrezione di Gesù Cristo. Quando questa realtà viene oscurata, viene a mancare il criterio per distinguere ciò che rende preziosa e unica la vita dell'uomo. Egli perde il suo posto nell'universo, si smarrisce nella natura, rinunciando alla propria responsabilità morale, oppure pretende di essere arbitro assoluto, attribuendosi un potere di manipolazione senza limiti»[181].

Cosa risalta in questo testo? Innanzitutto, che la fede è una luce per i rapporti sociali. Inoltre, che l'esperienza della fede è necessariamente esperienza di figliolanza, esperienza che Dio è un Padre buono, che ha a cuore la mia vita. Si evidenzia, poi, che la

---

[180] LF 54
[181] Ivi

fede ci dona una disposizione spirituale peculiare: l'apertura alla vita. Altrimenti, come potrei anche solo immaginare che ogni persona sia portatrice di una benedizione: lei stessa? Forse sarebbe più facile scegliere la strada già percorsa del "*homo homini lupus*", che sintetizza bene la realtà di divisione conseguente al peccato originale. Tuttavia, la fede è chiamata alla vita in Dio, a condividere le sue attitudini e a vivere della sua realtà e Dio è comunione di Persone divine, Dio è Trinità. Quindi, si indica in tutta la sua portata il *Kerygma*, al di fuori del quale, in ultima analisi, non si riconosce più la dignità della persona e nemmeno la sua irripetibile unicità. Abbandonare Dio significa disorientamento, perdita, rinuncia alla responsabilità morale, idolatria, cioè pretendere per sé il posto di Dio. Ci si innalza ad arbitri assoluti, ci si illude di poter manipolare senza limiti. Questa è alienazione, vivere fuori dalla realtà, rinunciare alla felicità.

La fede è legata inscindibilmente, secondo uno stesso movimento, all'apertura alla vita. La fede è generata dall'ascolto di un *Kerygma*, di un annuncio della Pasqua di Cristo per me. Tuttavia, il concepimento della fede è preceduto da un secondo momento: l'accoglienza dell'annuncio. Se c'è un *Kerygma* e se il *Kerygma* è accolto, inizia a gestarsi la fede nel cuore dell'uomo. E così di annuncio in annuncio, di generazione in generazione, avviene la trasmissione della fede. Anche la trasmissione della vita contempla due momenti: l'unione e la possibilità della procreazione. Il concepimento di un figlio prevede necessariamente l'inscindibilità dei due fini dell'atto coniugale.

Inoltre, poiché non tutti gli atti tra sposi si concretizzano in una nuova generazione, possiamo comprendere che il primo frutto dell'amore è l'unità dei due: dall'*una caro* si accresce e continuamente si rigenera l'amore coniugale. Pertanto, il primo frutto di un atto coniugale aperto alla vita è la comunione. Ora, tale movimento di trasmissione della vita procede tal quale di generazione in generazione. Sia la trasmissione della fede sia la trasmissione della vita procedono secondo un analogo movimento: incontro, apertura, concepimento. Dov'è che entra in gioco tutta la nostra libertà, tutta la nostra responsabilità e, quindi, tutto il nostro destino? Nella apertura a Dio, tanto nello spirito quanto nel corpo, tanto nell'ambito soprannaturale quanto in quello dei processi naturali legati alla trasmissione della vita. L'unione dei coniugi nel rispetto della volontà di Dio creatore, quindi nel rispetto dell'inscindibilità del fine unitivo e del fine procreativo, è una risposta di fede. La disposizione positiva degli sposi all'apertura alla vita è una risposta di fede, ma anche di amore. Essa nasce dall'aver sperimentato che Dio è Padre anche per me e mi ama, lo riconosco nella misericordia provvida che ha verso di me e che posso testimoniare. Pertanto, nel cristianesimo scopriamo che il *Kerygma* è strumento di vita soprannaturale, di vita di fede. È fondamentale riconoscere, però, che il primo annuncio cristiano è aiuto, è sprone, è ispirazione costante anche per la vita intima della coppia dei coniugi. Quando una persona ascolta il *Kerygma*, può accoglierlo o meno. È come se avvenisse un dialogo nel cuore di quell'uomo o di quella donna: "Sei disposto ad accoglierMi? Sei disposto a crede che la salvezza viene da Dio? Sei disposto a credere che questa sia la verità e a lasciare che tale verità metta a nudo tutte le tue iniquità, ma, al contempo, che le curi o inizi a curarle?". Un dialogo analogo, che sia cosciente o meno, avviene nel momento dell'unione dei coniugi. È come se di fronte al mistero, al dono e alla responsabilità dell'unione e della trasmissione della vita, dicessero: "Siamo aperti alla possibilità di un figlio? Saremmo disposti ad accogliere una eventuale nuova vita?", "Signore, lo siamo", oppure "Signore, preferiremmo non avere un figlio ora e, quindi, ci uniamo in un periodo infecondo, ma Tu sai tutto, sia fatta la tua volontà. Ci fidiamo di te!". Accettare anche le nostre debolezze, rispetto a questo punto, ma avere il desiderio di lasciarsi aiutare, può portare alla guarigione delle ferite che ci siamo inferti o abbiamo inferto ad altri. Iniziare un processo in questo senso fa parte della disposizione di apertura alla vita. Possiamo rilevare una dinamica di reciprocità: accogliere il *Kerygma* è aprirsi alla vita, essere aperti alla vita è vivere il *Kerygma*.

L'apertura alla vita è, in fondo, amore; se vogliamo tentare un approfondimento, possiamo dire che l'apertura alla vita è la risposta alla chiamata che udiamo dalla voce dell'amore. L'apertura alla vita comprende in se stessa anche una dinamica di espansione, di dilatazione e, pertanto, essa è fonte di gioia, in quanto la letizia viene dalla dilatazione del cuore[182].

Al cuore di tutto c'è il *Kerygma*. Per quanto detto fino ad ora,

---

[182] Summa Theologiae I-II, q. 31, a.3, ad. 3, cit. in AL 126

«anche nel cuore di ogni famiglia bisogna far risuonare il *Kerygma*, in ogni occasione opportuna e non opportuna, perché illumini il cammino. Tutti dovremmo poter dire, a partire dal vissuto delle nostre famiglie: "Noi abbiamo creduto all'amore che Dio ha per noi" (1 Gv 4,16). Solo a partire da questa esperienza, la pastorale familiare potrà ottenere che le famiglie siano al tempo stesso Chiese domestiche e fermento evangelizzatore della società»[183].

«Davanti alle famiglie e in mezzo ad esse deve sempre nuovamente risuonare il primo annuncio, ciò che è "più bello, più grande, più attraente e allo stesso tempo più necessario", e "deve occupare il centro dell'attività evangelizzatrice". È l'annuncio principale, "quello che si deve sempre tornare ad ascoltare in modi diversi e che si deve sempre tornare ad annunciare durante la catechesi in una forma o nell'altra". Perché "non c'è nulla di più solido, di più profondo, di più sicuro, di più consistente e di più saggio di tale annuncio" e "tutta la formazione cristiana è prima di tutto l'approfondimento del *Kerygma*"»[184].

Potremmo aggiungere, certi della verità di questa affermazione: non c'è niente di più fecondo del *Kerygma*. Il *Kerygma* è la chiave ermeneutica per entrare nel Mistero della famiglia.

L'uomo offre un impegno creativo, un contributo originale all'iniziativa di Dio, che lo innalza all'onore di essere suo collaboratore[185]. Questo vale sia nella generazione di una nuova

---

[183] AL 290
[184] AL 58, EG 35, 164, 165
[185] AL 287

vita[186], e dal punto di vista biologico e dal punto di vista educativo, sia nella generazione di una nuova vita nella fede in Cristo Gesù. Esiste un ministero legato all'evangelizzazione, che è quello dell'apostolo, e c'è un ministero legato alla trasmissione della vita secondo il "disegno stabilito dal Creatore"[187], che è quello dei coniugi cristiani. La "porta della fede" è rappresentata dal sacramento della rigenerazione, della nuova nascita per mezzo dell'acqua e dello Spirito; la "porta della vita (umana)" è rappresentata dal sacramento, custode del mistero della generazione: "una sola carne" in un solo Spirito. Ecco perché il sacramento del Matrimonio nasce e si radica nel sacramento del Battesimo.

«Il matrimonio e la famiglia cristiani edificano la Chiesa: nella famiglia, infatti, la persona umana non solo viene generata e progressivamente introdotta, mediante l'educazione, nella comunità umana, ma mediante la rigenerazione del battesimo e l'educazione alla fede, essa viene introdotta anche nella famiglia di Dio, che è la Chiesa. [...] La Chiesa trova così nella famiglia, nata dal sacramento, la sua culla e il luogo nel quale essa può attuare il proprio inserimento nelle generazioni umane, e queste, reciprocamente, nella Chiesa»[188].

6.1 - Pericoli

«In questo quadro, desidero richiamare l'attenzione su due

---

[186] HV 13
[187] Ivi
[188] FC 15

falsificazioni della santità che potrebbero farci sbagliare strada: lo gnosticismo e il pelagianesimo. Sono due eresie sorte nei primi secoli cristiani, ma che continuano ad avere un'allarmante attualità. Anche oggi i cuori di molti cristiani, forse senza esserne consapevoli, si lasciano sedurre da queste proposte ingannevoli»[189].

«Secondo l'eresia pelagiana, sviluppatasi durante il secolo V intorno a Pelagio, l'uomo, per compiere i comandamenti di Dio ed essere salvato, ha bisogno della grazia solo come un aiuto esterno alla sua libertà (a modo di luce, esempio, forza), ma non come una sanazione e rigenerazione radicale della libertà, senza merito previo, affinché egli possa operare il bene e raggiungere la vita eterna»[190].

Insomma, un antico mito del "buon selvaggio": "con una buona volontà e un certo sforzo personale, posso!".

«Si dimenticava che tutto "dipende [non] dalla volontà né dagli sforzi dell'uomo, ma da Dio che ha misericordia" (Rm 9,16) e che egli "ci ha amati per primo" (1 Gv 4,19)»[191]. Infatti, «solo a partire dal dono di Dio, liberamente accolto e umilmente ricevuto, possiamo cooperare con i nostri sforzi per lasciarci trasformare sempre di più»[192]. «Questa è, in definitiva, la dottrina cattolica circa il "merito" successivo alla giustificazione: si tratta della cooperazione del giustificato per la crescita della vita di grazia (cfr.

---

[189] GEE, 35
[190] Congregazione per la Dottrina della Fede, Lett. Placuit Deo ai Vescovi della Chiesa Cattolica su alcuni aspetti della salvezza cristiana, 3, nota 9
[191] GEE, 48
[192] GEE, 56

Catechismo della Chiesa Cattolica, 2010)[193]. Ma questa cooperazione in nessun modo fa sì che la giustificazione stessa e l'amicizia con Dio diventino oggetto di un merito umano»[194].

«Più complesso è il movimento gnostico, sorto nei secoli I e II, e che conosce forme molto diverse tra di loro. In linea generale gli gnostici credevano che la salvezza si ottiene attraverso una conoscenza esoterica o "gnosi". Tale gnosi rivela allo gnostico la sua vera essenza, vale a dire, una scintilla dello Spirito divino che abita nella sua interiorità, la quale deve essere liberata dal corpo, estraneo alla sua vera umanità. Solo in questo modo lo gnostico ritorna al suo essere originario in Dio, da cui si era allontanato per una caduta primordiale»[195].

«Lo gnosticismo è una delle peggiori ideologie, poiché, mentre esalta indebitamente la conoscenza o una determinata esperienza, considera che la propria visione della realtà sia la perfezione. In tal modo, forse senza accorgersene, questa ideologia si autoalimenta e diventa ancor più cieca. A volte diventa particolarmente ingannevole quando si traveste da spiritualità disincarnata. Infatti, lo gnosticismo "per sua propria natura vuole addomesticare il mistero", sia il mistero di Dio e della sua grazia, sia il mistero della

---

[193] CCC, 2010: Poiché nell'ordine della grazia l'iniziativa appartiene a Dio, nessuno può meritare la grazia prima, quella che sta all'origine della conversione, del perdono e della giustificazione. Sotto la mozione dello Spirito Santo e della carità, possiamo in seguito meritare per noi stessi e per gli altri le grazie utili per la nostra santificazione, per l'aumento della grazia e della carità, come pure per il conseguimento della vita eterna. Gli stessi beni temporali, quali la salute e l'amicizia, possono essere meritati seguendo la sapienza di Dio. Tutte queste grazie e questi beni sono oggetto della preghiera cristiana. Questa provvede al nostro bisogno di grazia per le azioni meritorie.
[194] GEE, 56, nota 62
[195] Placuit Deo, 3, nota 9

vita degli altri»[196].

È interessante aggiungere che, l'essere una spiritualità disincarnata, è dato proprio dal disprezzo per la carne, intesa come materia corrotta. E in questo senso, lo gnosticismo vuole addomesticare anche un altro mistero, oltre a quello di Dio e a quello della vita degli altri, cioè il mistero del corpo. Ecco perché lo gnosticismo si rifugia o in un encratismo arrogante o in un abuso sterile e perverso della sessualità. Il corpo con i suoi valori, invece, è un mistero e un luogo in cui il Dio Creatore, il Verbo Incarnato, lo Spirito Datore di Vita si rivelano. Infatti, tale disprezzo del corpo si concretizza anche in una minaccia e in un attacco alla Rivelazione.

«Ora l'umiltà è il giusto atteggiamento nei confronti di ogni grandezza, sia essa o meno la mia. Il corpo umano deve essere umile nei confronti della grandezza rappresentata dalla persona, perché essa è appunto quella che dà la misura vera dell'uomo. Il corpo umano deve essere umile nei confronti della grandezza dell'amore, deve essergli subordinato, ed è la castità che conduce a questa sottomissione. Senza la castità, il corpo non è subordinato all'amore vero, al contrario, cerca di imporgli le proprie leggi, di dominarlo; il godimento carnale, in cui vengono vissuti in comune i valori del sesso, si arroga la parte essenziale nell'amore delle persone, e in questo modo lo distrugge. Ecco perché è necessaria l'umiltà del corpo. Il corpo deve essere umile di fronte alla felicità umana. Quante volte pretende di essere il solo a possedere la

---

[196] GEE, 40

chiave del proprio mistero! [...] Il corpo, se non è umile e subordinato alla verità integrale sulla felicità umana, può offuscare la visione suprema: l'unione della persona umana con Dio-persona. Così bisogna interpretare il Discorso della montagna: "Beati i puri di cuore, perché essi vedranno Dio". Aggiungeremo che la verità sull'unione della persona umana con Dio-persona, che deve compiersi pienamente nell'eternità, chiarisce sempre meglio il valore dell'amore umano, l'unione dell'uomo e della donna in quanto due persone. È significativo che l'Antico e il Nuovo Testamento parlino del matrimonio di Dio con l'umanità (nel popolo eletto, nella Chiesa) e i contemplativi del "matrimonio mistico" dell'anima con Dio».[197]

Vediamo, perciò, che queste nuove forme, nuove declinazioni di antiche eresie, lo gnosticismo e il pelagianesimo, rappresentano dei serissimi pericoli. Il pensare di vivere seguendo una spiritualità disincarnata e distaccata dalla coscienza che la relazione fonda la nostra esistenza è alienazione. Noi siamo da, siamo per e con e in tutto ciò siamo preceduti, accompagnati e seguiti da una grazia totalmente immeritata e, pertanto, che sa così profondamente di puro amore paterno. Tali eresie significano il rifiuto del Verbo fatto carne, morto e risorto per la nostra salvezza. In fondo, per salvarsi ci si affida a se stessi.

Ora, se la fede è apertura alla vita e tali eresie sono nemiche della fede, esse sono nemiche anche dell'apertura alla vita. Nel matrimonio attaccare l'apertura alla vita significa inserire un

---

[197] Karol Wojtyla, Amore e responsabilità, ed. Marietti, 1980, p. 126

cuneo per rompere l'indissolubilità (divorzio, separazioni, forme di convivenza), significa accettare una mentalità contraccettiva o altrimenti manipolatoria, che spinge a dissacrare l'atto di culto offerto nella celebrazione dell'amore coniugale, rompendo l'originaria unità dei due fini, unitivo e procreativo.

Tali eresie rappresentano un pericolo per la santità, poiché sia dall'esterno che all'interno della Chiesa, corrompono la vita di fede. Esse corrompono anche la vita matrimoniale e familiare, la cui santità si mostra nella apertura alla vita, intesa come apertura di fede a Dio, che i figli vengano o meno, o che si scelga di ricorrere per alcuni periodi all'uso di metodi naturali o, temporaneamente, addirittura all'astinenza. È dinanzi a queste tentazioni contro fede, speranza e carità che la famiglia cristiana è chiamata a lottare. Il *Kerygma*, l'annuncio di Dio fatto uomo, morto e risorto per noi, completamente donato, è l'antidoto. E va somministrato spesso, data la virulenza degli attacchi alla Divina Creazione e Rivelazione. Perché «sia l'individualismo neo-pelagiano che il disprezzo neo-gnostico del corpo sfigurano la confessione di fede in Cristo, Salvatore unico e universale»[198].

Gnosticismo e pelagianesimo attuali sono l'ossatura della più grande eresia, del più grave pericolo: l'ideologia gender. Essa «nega la differenza e la reciprocità naturale di uomo e donna. Essa prospetta una società senza differenze di sesso, e svuota la base antropologica della famiglia. Questa ideologia induce progetti educativi e orientamenti legislativi che promuovono un'identità

---

[198] Placuit Deo, 4

personale e un'intimità affettiva radicalmente svincolate dalla diversità biologica fra maschio e femmina. L'identità umana viene consegnata ad un'opzione individualistica, anche mutevole nel tempo»[199].

Bisogna difendere la Rivelazione, la Creazione da tale ideologia. Bisogna difendere la Chiesa. Bisogna difendere il matrimonio, la famiglia, la persona.

Innanzitutto, il lavoro primario va effettuato su chi crede. «Che il Signore liberi la Chiesa dalle nuove forme di gnosticismo e di pelagianesimo che la complicano e la fermano nel suo cammino verso la santità! Queste deviazioni si esprimono in forme diverse, secondo il proprio temperamento e le proprie caratteristiche. Per questo esorto ciascuno a domandarsi e a discernere davanti a Dio in che modo si possano rendere manifeste nella sua vita»[200]. Dobbiamo esaminarci e convertirci. Siamo chiamati ad essere santi, e la santità passa fondamentalmente per l'obbedienza. La santità produce e si nutre di una vera e propria spiritualità dell'obbedienza, alla scuola del grande Obbediente. Obbedire a chi, a cosa? Alla realtà illuminata dalla grazia. Obbedire a Dio che ci porta sempre lungo il cammino della verità per il nostro bene.

«Grazie a Dio, lungo la storia della Chiesa è risultato molto chiaro che ciò che misura la perfezione delle persone è il loro grado di carità»[201]. Questo significa anche amare nella verità, anche sul piano dell'evangelizzazione, della formazione. Afferma Paolo VI:

---

[199] AL, 56
[200] GEE, 62
[201] GEE, 37

«non sminuire in nulla la salutare dottrina di Cristo è eminente forma di carità verso le anime. Ma ciò deve sempre accompagnarsi con la pazienza e la bontà di cui il Signore stesso ha dato l'esempio nel trattare con gli uomini. Venuto non per giudicare, ma per salvare, egli fu certo intransigente con il male, ma misericordioso verso le persone»[202].

Il cristianesimo non è una conoscenza esoterica, né una spiritualità disincarnata, al contrario, il messaggio evangelico è semplice e orientato universalmente e il *Kerygma*, cuore della fede e primo annuncio di salvezza, è grido fermo e coraggioso del Mistero Pasquale del Verbo Incarnato: Gesù Cristo Figlio di Dio.

Di fronte ad un individualismo orfano, chiuso all'umiltà della relazione filiale, possiamo rispondere che «come insegnava sant'Agostino, Dio ti invita a fare quello che puoi e "a chiedere quello che non puoi"; o a dire umilmente al Signore: "Dammi quello che comandi e comanda quello che vuoi"»[203]. C'è bisogno di "un riconoscimento sincero, sofferto e orante dei nostri limiti"[204], come il pubblicano: "O Dio, abbi pietà di me, peccatore" (Lc 18,13).

«Infatti, se non riconosciamo la nostra realtà concreta e limitata, neppure potremo vedere i passi reali e possibili che il Signore ci chiede in ogni momento, dopo averci attratti e resi idonei col suo dono»[205]. «La grazia, proprio perché suppone la nostra natura,

---

[202] HV, 29
[203] GEE, 49
[204] GEE, 50
[205] Ivi

non ci rende di colpo superuomini. [...] La grazia agisce storicamente e, ordinariamente, ci prende e ci trasforma in modo progressivo. Perciò, se rifiutiamo questa modalità storica e progressiva, di fatto possiamo arrivare a negarla e a bloccarla, anche se con le nostre parole la esaltiamo»[206]. «Per poter essere perfetti, come a lui piace, abbiamo bisogno di vivere umilmente alla sua presenza, avvolti nella sua gloria; abbiamo bisogno di camminare in unione con lui riconoscendo il suo amore costante nella nostra vita»[207]. Abbiamo bisogno di umiltà per entrare nella fede storica della Rivelazione e uscire da una concezione quasi magica della religione.

Abbiamo bisogno di scoprire che siamo peccatori sempre bisognosi della misericordia di Dio. Misericordia che Egli non ci nega, se ci apriamo a Lui, perché non siamo orfani, ma figli amati di un Padre buono. Al contempo, siamo chiamati a sporcarci le mani, ma non nei peccati. Riconosciamo che i limiti, le fragilità, i fallimenti, le contraddizioni, le incomprensioni, le ingiustizie, gli assurdi sono il fango con cui veniamo plasmati, la carne con cui veniamo intessuti. Poiché in essi è presente la misteriosa e santa azione di Dio. Accogliere questo significa vivere con Cristo la nostra storia e quindi incarnarci come Lui, dove vuole e come desidera. Vivremo, allora, una spiritualità cristiana: spiritualità dell'Incarnazione, spiritualità del Mistero Pasquale. Non una spiritualità disincarnata, orfana, autarchica, cioè irreale, alienata, falsa.

---

[206] Ivi
[207] GEE, 51

A partire dalla consapevolezza della nostra umanità ferita (umiltà), credendo e vivendo il Vangelo, testimoniato nella Tradizione, autenticamente interpretato nel Magistero (semplicità), la nostra vita sarà accompagnata da un canto di lode, il nostro cuore si dilaterà, si espanderà come un utero abitato dalla Vita e sussulterà di gioia la nostra esistenza, il nostro matrimonio, la nostra famiglia, vedremo nell'altro Cristo.

La più grande sfida alla fede cristiana, oggi, consiste nell'apertura alla vita. Siamo chiamati a rispondere con fede e amore a Dio, certi che lì dove non arriveremo noi, Lui ci avrà già preceduti.

7 - Cinque principi di divisione

Nell'esortazione postsinodale sull'amore nella famiglia, *Amoris laetitia*, il Santo Padre indica l'amore quale principio e forza che permette l'unità, la quale si manifesta nella comunione. Nel suo articolato discorso, inoltre, il Papa accenna a forze, a scelte, a tentazioni, che, se accolte e tradotte in peccati, rompono la comunione, rompono l'unità. Vediamo, allora, quali sono i principi di discomunione, i pericoli che minacciano l'unità.

1. *Famiglia e società*

"I Padri hanno voluto sottolineare anche che «una delle sfide fondamentali di fronte a cui si trovano le famiglie oggi è sicuramente quella educativa, resa più impegnativa e complessa dalla realtà culturale attuale e della grande influenza dei media». «La Chiesa svolge un ruolo prezioso di sostegno alle famiglie, partendo dall'iniziazione cristiana, attraverso comunità accoglienti». Tuttavia mi sembra molto importante ricordare che l'educazione integrale dei figli è «dovere gravissimo» e allo stesso tempo «diritto primario» dei genitori. Non si tratta solamente di un'incombenza o di un peso, ma anche di un diritto essenziale e insostituibile che sono chiamati a difendere e che nessuno dovrebbe pretendere di togliere loro. Lo Stato offre un servizio educativo in maniera sussidiaria, accompagnando la funzione non delegabile dei genitori, che hanno il diritto di poter scegliere con libertà il tipo di educazione – accessibile e di qualità – che intendono dare ai figli secondo le proprie convinzioni. La scuola non sostituisce i genitori bensì è ad essi complementare. Questo è un principio basilare: «Qualsiasi altro collaboratore nel processo educativo deve agire in nome dei genitori, con il loro consenso e, in una certa misura, anche su loro incarico». Tuttavia «si è aperta una frattura tra famiglia e società, tra famiglia e scuola, il patto educativo oggi si è rotto; e così, l'alleanza educativa della società con la famiglia è entrata in crisi»"[208]. La rottura è "tra famiglia e società, tra famiglia e scuola"; "l'alleanza educativa [...] è entrata in crisi"; e questo avviene perché lo Stato è sempre più tentato di non esercitare un servizio educativo sussidiario, bensì è sempre più proiettato verso un orientamento totalizzante. L'educazione è un sensibilissimo campanello d'allarme. Se lo Stato nega il suo carattere sussidiario, dimostra di non tollerare le convinzioni dei genitori. L'intolleranza nei confronti del primato educativo della famiglia manifesta ulteriori pericoli legati alle libertà della persona, soprattutto la libertà di coscienza, nonché la libertà religiosa.

"La Chiesa è chiamata a collaborare, con un'azione pastorale adeguata, affinché gli stessi genitori possano adempiere la loro missione educativa. Deve farlo aiutandoli sempre a valorizzare il loro ruolo specifico, e a riconoscere che coloro che hanno ricevuto il sacramento del matrimonio diventano veri ministri educativi, perché nel formare i loro figli edificano la Chiesa, e nel farlo accettano una vocazione che Dio propone loro"[209]. È

---

[208] AL 84
[209] AL 85

importante che gli sposi e i genitori cristiani recuperino e rafforzino la consapevolezza e la responsabilità di essere, in virtù del sacramento del matrimonio, "veri ministri educativi". È un ufficio sacro quello che riguarda l'educazione cristiana dei figli. Di fatti, in virtù del sacramento, Dio dà una grazia di stato, anche in ordine all'educazione, alla custodia, all'ordinato sviluppo della persona dei figli, all'ordinata introduzione nella società. È chiaro che la coscienza di tale grazia in funzione dei figli non esime dall'essere giusti ed equilibrati o da una formazione umana, intellettuale, di fede; tutt'altro, tale coscienza deve impulsare proprio in questo senso.

2.   *All'interno della famiglia*

Possiamo dire che tutto il documento è caratterizzato da una sana tensione: esporre e mettere allo scoperto, se necessario, fratture o situazioni che porterebbero alla degradazione delle relazioni familiari. Si parla dei nonni, dei genitori, degli sposi, dei figli, dei fratelli, dei parenti vicini e lontani, di adozione e affido, di relazioni allargate al contesto sociale. Lungo tutto il suo discorso il Papa offre rimedi, suggerimenti ed incoraggiamenti per sanare o ricomporre il più possibile le divisioni, con la grazia di Dio. Per l'approfondimento rimandiamo qui ad altri capitoli in cui ne abbiamo già parlato.

3.   *All'interno della coppia.*

Qui l'attacco è duplice: sia riguardo l'istituzione sia contro la sessualità coniugale. Poiché quest'ultimo tema è delicato e articolato, lo tratterò nel prossimo punto.

Per quanto concerne l'attacco all'istituzione matrimoniale, citiamo la catechesi del 30/9/2015 di Papa Francesco, pubblicata da *L'Osservatore Romano* il 1/10/2015, p. 8, ripresa dallo stesso Pontefice in *Amoris laetitia*. "La famiglia è il soggetto protagonista di un'ecologia integrale, perché è il soggetto sociale primario, che contiene al proprio interno i due principi-base della civiltà umana sulla terra: il principio di comunione e il principio di fecondità"[210]. Il peccato rompe la comunione, soprattutto il peccato di giudizio. È purtroppo vero, infatti, che nel momento in cui i due coniugi iniziano a giudicarsi, lì inizia la divisione dei cuori, degli intenti e, alla fine, dei corpi, per approdare alla rottura definitiva del rapporto, alla scelta di porre termine al matrimonio. Dato che il matrimonio è un sacramento, esso rimane valido e, pertanto, a questo livello le persone restano vincolate. La conseguenza è una divisione nella persona del coniuge stesso.

4. *All'interno dell'atto coniugale*

"La sessualità «è ordinata all'amore coniugale dell'uomo e della donna»"[211]. E l'unione coniugale "è ordinata alla generazione «per la sua stessa natura»"[212]. "Fin dall'inizio l'amore rifiuta ogni impulso di chiudersi in se stesso e si apre a una fecondità che lo prolunga oltre la sua propria esistenza. Dunque nessun atto genitale degli sposi può negare questo significato, benché per

---

[210] AL 277
[211] AL 80
[212] Ivi

diverse ragioni non sempre possa di fatto generare una nuova vita"[213].

Qual è l'orientamento, l'ordine, il senso profondo, in una parola, il logos della sessualità? La sessualità "è ordinata all'amore coniugale dell'uomo e della donna" e "alla generazione", ma non per una questione di retaggio storico-culturale, piuttosto "per la sua stessa natura". La sessualità esiste per servire l'uomo e la donna nell'amarsi all'interno del matrimonio e affinché tale amore si apra a colui che potrebbe essere: il figlio. La sessualità fa sì che l'amore si comunichi, in modo privilegiato ed unico, all'interno della coppia e permette all'amore degli sposi di trascenderli nella futura umanità del figlio e di servirla in lui. Vivere la dimensione sessuale al di fuori di questo *logos* porta al disorientamento, al disordine, alla mancanza di senso, ad una dipendenza e non alla libertà di chi ama nella verità. Scindere i due fini, unitivo e procreativo, nel matrimonio porta ad una degradazione della persona. Indica anche una volontà ribelle nei confronti del Creatore, del Logos Incarnato Redentore e dello Spirito Vivificante d'Amore. C'è un problema con Dio ed esso si manifesta nella considerazione più o meno sbagliata che si ha della dignità della persona. Il problema interessa sia il nostro porci di fronte a Dio Uno e Trino sia la nostra relazione con Gesù Cristo. In effetti, il sacramento del matrimonio è un segno fortemente cristologico, un segno del Logos Incarnato. La divisione dei due fini dell'atto coniugale manifesta la volontà di non incarnare nella propria

---

[213] Ivi

storia, nella propria vita matrimoniale la volontà di Dio. La divisione dei due fini manifesta il non voler avere una relazione viva, onesta, personale con Gesù Cristo. Solo Dio dona la comunione; per cui se ci si divide da Dio, ci si divide dal coniuge. Forse in superficie tale divisione non sempre è visibile, soprattutto ad un occhio poco esperto; tuttavia, la scissione sarà vissuta nel profondo dai coniugi e in qualche ambito della loro vita se ne scorgerà traccia. Ora, tale peccato è ovviamente perdonabile da Dio, il quale auspica sempre il perdono e la riconciliazione. Ad ogni modo, peccato si chiama. Anche se si contasse una sola caduta, rimarrebbe caduta. Perdonata, redenta caduta. Dice, infatti, Paolo VI: "è quindi errore pensare che un atto coniugale, reso volutamente infecondo, e perciò intrinsecamente non onesto, possa essere coonestato dall'insieme di una vita coniugale feconda"[214]. L'affermazione appena citata non è espressa per condannare o per giudicare, ma per amore della verità; Verità che vuol farsi compagna dei coniugi nel loro cammino d'amore. Concludiamo con le parole di Papa Francesco, che riafferma la dottrina di *Humanae vitae*[215]: "dunque nessun atto genitale degli sposi può negare questo significato, benché per diverse ragioni non sempre possa di fatto generare una nuova vita"[216]. Pertanto, questo punto della dottrina cristiana esclude qualsiasi metodo volto a scindere i due fini, come la sterilizzazione, la

---

[214] HV 14
[215] "Va riscoperto il messaggio dell'Enciclica Humanae vitae di Paolo Vi", AL 82
[216] AL 80; Papa Francesco cita in riferimento a queste parole l'enciclica Humanae vitae, 11-12

contraccezione, l'aborto, la fecondazione artificiale, l'utero in affitto, la clonazione, etc., nonché il vivere l'atto coniugale in modo impudico, non onesto, non degno della dignità della persona. L'atto coniugale vissuto secondo la volontà di Dio non esclude combattimenti, contraddizioni, sofferenze, ma apre gli sposi alla comunione con Colui che Crocifisso è Risorto per sempre. In questo modo gli sposi danno la vita amando, credendo, sperando, testimoniando.

5. *All'interno della persona stessa*

Un enorme attacco all'umanità intera e, in particolare, alla famiglia, al matrimonio, alla persona è rappresentato dall'ideologia *gender*. Essa mira al rimodellamento totale dell'*humanum*, operando a partire da un fortissimo principio di discomunione, che mira alla divisione della persona in se stessa, nel suo corpo, nella sua psiche, nella sua capacità relazionale-spirituale. L'ideologia *gender* "nega la differenza e la reciprocità di uomo e donna. Essa prospetta una società senza differenze di sesso, e svuota la base antropologica della famiglia. Questa ideologia induce progetti educativi e orientamenti legislativi che promuovono un'identità personale e un'intimità affettiva radicalmente svincolate dalla diversità biologica fra maschio e femmina. L'identità umana viene consegnata ad un'opzione individualistica, anche mutevole nel tempo. [...] Non si deve ignorare che sesso biologico (*sex*) e ruolo sociale-culturale del sesso (*gender*), si possono distinguere, ma non separare"[217]. Così come i due fini dell'atto coniugale, fine unitivo e fine procreativo, si possono distinguere, ma non separare, pena la divisione della coppia e la possibile doppiezza di vita, allo stesso modo cercare di dividere il sesso dal suo ruolo sociale-culturale comporta una radicale scissione nella persona e una conseguente frammentazione della sua identità. Alla domanda: "chi sono io?" non si sa più rispondere davvero, perché si è sostituita la verità dell'essere persona con la multiforme follia della passione, ovvero con la disorientata ribellione contro ogni realtà.

L'ultima grande eresia dei primi secoli cristiani fu l'iconoclastia, sintesi di tutte le eresie precedenti. Tali eresie (arianesimo, nestorianesimo, docetismo, gnosi, etc.) concordavano tutte in un punto: negare l'Incarnazione del Verbo. E così facendo, miravano a distruggere tutta l'economia della salvezza. L'iconoclastia nega anch'essa l'Incarnazione e distrugge ogni immagine raffigurante Dio, soprattutto Cristo, e a seguire la Madre di Dio e i santi.

L'ideologia *gender* è la sintesi di tutti gli attacchi alla persona, al matrimonio e alla famiglia. Essa vuole distruggere nella sua furia iconoclasta la persona, creata ad immagine e somiglianza di Dio, il matrimonio, immagine di Dio che dà la vita e segno cristologico, la famiglia, icona della Trinità. Questa è la radice dell'ideologia *gender*. Ciononostante, contrastare un pensiero erroneo e dannoso non significa attaccare coloro che ne sono avvinti. Infatti, "una cosa è comprendere la fragilità umana o la complessità della

---

[217] AL 56

vita, altra cosa è accettare ideologie che pretendono di dividere in due gli aspetti inseparabili della realtà. Non cadiamo nel peccato di pretendere di sostituirci al Creatore. Siamo creature, non siamo onnipotenti. Il creato ci precede e dev'essere ricevuto come dono.[218] Al tempo stesso, siamo chiamati a custodire la nostra umanità, e ciò significa innanzitutto accettarla e rispettarla come è stata creata"[219].

---

[218] Cfr. AL 286: "non possiamo separare ciò che è maschile e femminile dall'opera creata da Dio, che è anteriore a tutte le nostre decisioni ed esperienze e dove ci sono elementi biologici che è impossibile ignorare"
[219] AL 56

8 - Per concludere

Nel numero 159 dell'esortazione leggiamo che il matrimonio simboleggia l'unione di Cristo con la Chiesa e l'unione della natura divina con quella umana.

Il matrimonio cristiano è testimone del Mistero dell'Incarnazione del Verbo e del suo martirio nel Mistero Pasquale. Perciò, in quest'ottica, il matrimonio cristiano è custode della Rivelazione, chiamato a manifestare l'amore di Dio per l'uomo, che è amore dello Sposo per la Sposa. Il matrimonio cristiano in quanto sacramento vive, pertanto, una dimensione *kerygmatica*. Gli sposi cristiani sono chiamati a mostrare, come dono della grazia, in mezzo alle loro debolezze e ai loro limiti, che la Verità creduta si trasforma in Vita concreta, in amore, in fedeltà, in fecondità, in perdono e riconciliazione, in una conversione continua a Dio, il quale apre, poi, i coniugi l'uno all'altra. Il matrimonio è un luogo privilegiato in cui è possibile sperimentare che Dio crea comunione fra persone diverse, a volte persino opposte. I nostri occhi possono pian piano aprirsi e vedere che Gesù Cristo è il vero amico degli sposi, il custode e il difensore del matrimonio cristiano. È Gesù che chiama gli sposi cristiani a vivere in amicizia con Lui e li invia nel luogo e nel tempo loro propri, affinché siano suoi testimoni, apostoli del suo amore.

Leggiamo ancora al n. 161: "a sua volta, l'amore degli sposi presenta altri valori simbolici: da una parte, è un peculiare riflesso della Trinità. Infatti, la Trinità è unità piena, nella quale però esiste anche la distinzione. Inoltre, la famiglia è un segno cristologico, perché manifesta la vicinanza di Dio che condivide la vita dell'essere umano unendosi ad esso nell'Incarnazione, nella Croce e nella Risurrezione: ciascun coniuge diventa «una sola carne» con l'altro e offre se stesso per condividerlo interamente con l'altro sino alla fine. Mentre la verginità è un segno «escatologico» di Cristo risorto, il matrimonio è un segno «storico» per coloro che camminano sulla terra, un segno di Cristo terreno che accettò di unirsi a noi e si donò fino a donare il suo sangue. La verginità e il matrimonio sono, e devono essere, modalità diverse di amare, perché 'l'uomo non può vivere senza amore. Egli rimane per se stesso un essere incomprensibile, la sua vita è priva di senso, se non gli viene rivelato l'amore'".

Il matrimonio è icona della Trinità, che "è unità piena, nella quale però esiste anche la distinzione". La Trinità divina, perciò, ha in sé unità e molteplicità, distinzione delle Persone divine, ma mai divisione, bensì perfetta comunione d'amore. Anche la famiglia cristiana è chiamata a vivere questa forma di amore. Ma come è possibile? L'uomo, di certo, non può farsi dio, non può con le sue buone intenzioni, con i suoi progetti e i suoi sforzi arrivare alla misura divina. Tuttavia, "ciò che è impossibile all'uomo è possibile a Dio" (cfr. Lc 1,37). Dio può innalzare la persona umana, il matrimonio, la famiglia al livello del suo amore. Lo può e lo vuole. Per questo ha fatto e continua a fare una storia di salvezza. L'uomo non può farsi dio, ma Dio può divinizzare l'uomo. E lo vuole. In che modo Dio desidera partecipare il suo amore trinitario all'uomo? Offrendoglielo nel Figlio. Chi accoglie Gesù Cristo e crede in Lui, riceve lo Spirito Santo, che è Dio e abitando in noi ci rende sempre più simili a Cristo e fa sì che già in questa vita possiamo abitare in Dio ed Egli in noi. Aprirsi a Dio Gli permette di donarsi a noi e di renderci capaci di amare come Lui. Questo non è un discorso idealistico o idealizzante, non comporta sforzo o particolari capacità. Una volta che si è interpellati della grazia, aprirsi a Dio si concretizza in un fatto, in una libera scelta: credere che Gesù Cristo è Dio, l'unico Salvatore, vero Signore. Credere che non so amare, ma che con Cristo, con la sua presenza ed amicizia, saprò amare, perché Lui sarà con me. Afferma la Scrittura che nessuno può dire che Gesù Cristo è il Signore senza avere lo Spirito Santo (cfr. 1 Co 12,3). Questo significa che credere che Cristo è Dio e testimoniarlo con la vita, con tutti i limiti umani, vuol dire accogliere e lasciare agire lo Spirito Santo. Vuol dire aprirsi all'amore trinitario, che ci incammina nella Chiesa verso una sempre più profonda comunione con Dio, verso la maturità cristiana. Il segreto per entrare nella dimensione dell'amore della Santissima Trinità è accogliere l'annuncio di salvezza, operata da Dio in nostro favore per mezzo di Gesù, Figlio di Dio. Il *Kerygma* è la chiave per entrare nel mistero di Dio, del suo amore verso tutti. Se questo, piano piano, con il sostegno della grazia di Dio, all'interno della Chiesa, diventa realtà nella vita degli sposi e nelle famiglia da essi generata, allora tale famiglia diventa ciò che è chiamata ad essere: un segno cristologico. Tale famiglia parla di Gesù con la vita. È come se, guardando la vita di una famiglia così santificata, ascoltassimo il Vangelo proclamato ad alta voce. E poiché il matrimonio e la famiglia cristiani sono segno dell'Incarnazione del Verbo e del suo sposalizio con la Chiesa nel Mistero Pasquale, non dobbiamo stupirci o scandalizzarci del fatto che i testimoni che Dio sceglie non siano perfetti. È Dio che santifica ciò che non è santo con la sua presenza e con la sua azione. Piuttosto è segno di normalità, di sanità, di salute (non di esaltazione o di ostentazione, cioè in fondo di alienazione), il fatto che coloro che Dio sceglie come testimoni siano deboli, abbiano le loro povertà e fragilità. È segno di autenticità della chiamata. Dio sceglie persone normali, limitate, ferite (un po' come tutti), perché sia possibile vedere che un amore così grande viene da Dio e non dalle capacità umane. Come può qualcuno così debole amare con un amore più forte della morte? Perché c'è Dio. Ecco, qui è il nucleo della testimonianza. La grandezza dell'amore di Dio si manifesta nella pochezza, nella limitatezza di chi si apre a Dio e al suo amore. Così, questo amore diventa storia. Così, Dio crea la storia della salvezza. In tal modo, possiamo scoprire che ogni matrimonio, che si apra a Dio, è, per quanto difficile e/o contraddittorio, una storia di salvezza. Per questo, "il matrimonio è un segno «storico» per coloro che camminano sulla terra, un segno di Cristo terreno che accettò di unirsi a noi e si donò fino a donare il suo sangue" (AL 161). Il matrimonio-segno «storico» dell'amore di Dio incarnato, morto e risorto per la salvezza di ogni uomo, diventa rivelazione dell'amore di Dio. Il matrimonio cristiano costituisce quell'*humus* indispensabile affinché la vita goda di un orizzonte di senso, grazie al quale la persona non è incomprensibile a se stessa, ma sa di essere inserita in una storia di amore per la salvezza.

SIGLE

AL Amoris laetitia

EG Evangelii gaudium

FC Familiaris consortio

GEE Gaudete et exsultate

HV Humanae vitae

LF Lumen fidei

LG Lumen gentium

www.ingramcontent.com/pod-product-compliance
Lightning Source LLC
Chambersburg PA
CBHW022145150726
47992CB00002B/763